S T A R T U P

スタートアップ企業の経営管理を学ぶ

アガットコンサルティング
藤浦 宏史
著

中央経済社

はじめに

私は，学生時代から起業を夢みていましたが，経験や知識もない状態で会社を作る勇気はありませんでした。そんなとき，大学の商学部の授業で公認会計士という職業を知ります。若いうちに上場企業の経営者と仕事ができることに魅力を感じ，試験を受けることを決意しました。無事に合格し，監査法人に入所。カリスマ創業社長が経営する会社や民営化間もないNTTグループ，黎明期の携帯電話会社，大手製紙メーカー等，さまざまな業界・企業を幅広く経験し，会社組織がどのように動いているかを学ぶことができました。

その後，考えに考え抜いて，花という商材を選び，生花の会員制の通信販売事業で起業しました。旧来の生花ビジネスを研究し，３大コストである「廃棄コスト」「店舗家賃」「人件費」を最小化することを目指したのです。そこで，「廃棄をなくすために予約してくれた会員に対しお花を届ける」「店舗を持たない」「店舗でお客様を待つ店員を雇わない」という事業モデルを考えました。

事業を開始すると，確かにコストはかからないものの，困ったことに売上が上がりませんでした。小さな会社には，広告にかける予算はありません。地道な営業活動は継続していましたが，資金が枯渇していき，昼間は会計事務所でアルバイトをしながら夜と土日だけ花屋をするという日々が続きました。

そんな中で，転機がありました。もがき苦しみながら花の宅配流通の改善を考え，ある物流会社の社長に事業提携の提案をしたのです。すると，「それでは，売上が上がらないだろう！」と瞬時に見抜かれました。とっさに「この社長のもとで学びたい」と思い，粘り強くお願いをし，鞄持ちとして働くことを条件に学ばせてもらえることになりました。物流の現場で，トラックの運転から荷造り，配達等の力仕事をしながら，社長の行動を観察しました。
その社長は，誰よりも会社経営のことを考え，誰よりも現場とのコミュニケーションをとり，誰よりも長く働いていました。「1日16時間も働いていないのに（大した努力もしていないのに），才能がないなんて言うな」というわけです。
当時の花事業についてはさまざまな反省点がありますが，失敗に終わった一番の原因は，事業に対する「情熱」が足りていなかったことだと，社長との出会いから学びました。もっともっと事業に集中し，事業に恋い焦がれるようでなければうまくいくはずがなかったのです。

その後，私は，事業に情熱を持っている経営者の力になる仕事であれば情熱を注ぐことができると考え，アガットコンサルティングを設立しました。花屋での苦い経営の経験，社長の鞄持ちからの学び，そして会計士としてのスペシャリティを活かすことができるはずだと考えたのです。
実際に設立から20年，充実した日々を過ごすことができました。大きな会社から小さな会社まで，さまざまな経営者のサポートを，やりがいを持ってさせていただくことができたのです。

我々は，主に経営管理面の課題解決に向けたお手伝いを担います。それは恐らく，我々が用いる道具（ツール）である「会計」と「経営管理」の親和性が高いからでしょう。
会計は簿記という共通言語を使い，企業の活動をわかりやすく伝えるツールであり，ルールです。この会計というツールを経営者がもっと有効に活用することができれば，やりたいことの実現に向けてスピードを加速させていくことができるはずです。
特にキャッシュフローに関しては経営管理上「売上や出資・借入などの会社に入ってくるお金」だけではなく，「人件費や業務委託費，借入金の返済，支払利息，税金などの会社から出ていくお金」をコントロールすることが重要です。

日々の資金繰りに追われてくると，どうしてもお金の入口に目が行きがちで，お金の出口は「低く抑えるか，先延ばしするか」くらいで，戦略的な対応が後回しになることが多いです。しかし，実際には，お金の出口を戦略的に整えることで，お金の流れができて，結果的にお金の入口も拡がります。

20年にわたって経営者をサポートしてきた私の経験を，スタートアップ企業の方に役立てていただきたいという思いから，本書『スタートアップ企業の経営管理を学ぶ』の執筆を決意しました。私の花屋での苦い経験を挙げるまでもなく，スタートアップ企業は多様な困難に見舞われます。経験から学ぶこともありますが，なるべくならばトラブルは回避できるとよいでしょう。

本書では，「問題が発覚してから，それをどのように収束させ，改善していくか」ということではなく，スタートアップ企業に起こりがちな問題を想定し，「予防」することを目指します。できる限りわかりやすくなるよう，ストーリー形式で，起こりうるトラブルに対する留意点と，基礎体力を高めるような経営管理体制の構築についてお伝えします。

当然，すべてのパターンを想定しきることはできませんし，対処方法についても「完全な正解」はありません。しかし，多くの成長企業が陥っているパターンを想定し，そのための対応策を考察しておけば，事前に体制を整えることができるでしょう。本書が，そうした「予防の第一歩」となるものと信じています。

2021年３月

藤浦　宏史

CONTENTS

Chapter 2 ▶Turning black 黒字化に向けて

Chapter 3 ▶Rising　２本柱体制へ

COLUMN

Prologue

経営管理

1.「経営管理体制」とは

経営管理とは，『日本大百科全書』（小学館）によると「経営体の各種業務の遂行が，経営目的に沿ってもっとも効果的に達成されるよう，諸種の施策を体系的に講ずること」と定義されています。この表現だけでは，もしかしたら具体的なイメージはわきにくいかもしれません。

もう少し身近なものに置き換えて考えてみましょう。

たとえば，経営体は「会社」，経営目的は「経営者がやりたいこと」としましょう。そうすると，経営とは「経営者がやりたいことを実現するために，会社に必要なヒト・モノ・カネ・ノウハウ等を集めて，有効活用する方法」と表現できます。

さらに，経営には「経営企画」と「経営管理」という２つの側面があります。「経営企画」と「経営管理」との関係を，ドライブ（自動車で遠出すること）にたとえて考えてみましょう。

ドライブは，目的地を定め，その目的地に向かって計画的にルートを企画（ルートデザイン）し，運転技術を駆使して進んでいきます。同様に，会社も，経営目的を定め，その経営目的に向かって計画的に経営を企画（ルートデザイン）し，運営技術を駆使して進んでいきます。つまり，主に思考しデザインする「経営企画」と実行しマネジメントする「経営管理」に分けられるのです。

まとめると，多少乱暴な表現かもしれませんが本書では，

経営管理とは，「経営者がやりたいことを実現するための会社の効率的な運営技術」と定義します。

2. 「経営管理体制」の整備は早いほうがいい

前記のとおり，経営には２つの側面があります。１つは経営企画的な側面，つまり「やりたいこと，行きたいところへの道順を考える側面」であり，もう１つは経営管理的な側面，つまり「道順どおりに行くための運転技術の側面」です。

どこに行くか，そのための行き方を考えることも重要ですが，行くための運転技術も欠かせません。運転技術が未熟なために，行きたいところへたどり着けないというのは，非常に残念なことです。

そういう意味で，運転技術（経営管理）も重要です。

次に，「経営管理体制の構築」に着手するにあたって，どこから手を付けるかについて考えてみましょう。経営全般に関わるため，やるべきことは多岐にわたり，悩みどころです。

本書では，多くの成長企業がつまずいている以下の５つのポイントをつぶしていきます。

① 甘い採算管理による資金繰りの悪化（採算管理）

② 甘い契約書管理による取引先とのトラブル（取引先との関係）

③ 甘い労務管理による労務トラブル（社員との関係）

④ 内部者による不正

⑤ 経営者による粉飾

具体的な内容は，この後，事例も交えて説明していきますが，この５つの視点は，実は株式上場時の審査ポイントとも符合しています。

株式上場の審査は「持続的な成長可能性＝つぶれにくい会社かどうか？」をみるので，符合するのは当然といえば当然です。しかし，実際にこの５つのどれかにつまずいて，成長が止まる，最悪倒産してしまう会社が多いのです。

ちなみに，東京証券取引所の「マザーズへの上場申請予定会社が上場準備を円滑に進めるための参考資料として作成したチェックリスト」には，大項目として６つのポイントが記載されています。

1　事業計画が，今後の事業展開をふまえ合理的に作成されていますか
2　経営管理組織は有効に機能していますか
3　企業内容の適時・適切な開示に向けた準備は進んでいますか
4　会社関係者等との取引により，企業経営の健全性が損なわれていませんか
5　上場申請に当たり，その他の留意すべき点への対応は図られていますか
6　ヒアリングに向けた準備は進んでいますか

４は個人企業（プライベートカンパニー）から公開企業（パブリックカンパニー）になるための要件であり，５はバスケット条項，６は審査方法に係ることなので除くと，最初の３つはまさに「５つの視点（多くの成長企業がつまずいているポイント)」と同じです。

１は採算管理のこと，２は取引先トラブル・人事トラブル・不正がないかということ，３は粉飾がないかということです。

これまでの経験を通して，経営者の皆さんにお伝えしたいことは２点です。

⑴　経営管理体制の構築には有用な５つの視点があるということ

⑵　経営管理体制の構築は，できるだけ早く着手すること

3. 経営管理体制構築の５つの視点

先に挙げた「経営管理体制構築」の５つの視点について，もう少し掘り下げて説明していきましょう。

⑴　甘い採算管理による資金繰りの悪化（採算管理）

資金繰りの原資になるのは，基本的に売上のみです。もちろん，資本金として株主から出資してもらった資金や，借入金として金融機関から借り入れた資金も一時的には資金繰りの原資になります。しかし，これらの資金は（投資契約書や金銭消費貸借契約書等の約定に従い）何らかの形で還元あるいは返済していくものなので，制限のない資金としては売上のみです。

したがって，資金繰りの基本は売上ですべての支出を賄うことです。

プロジェクトの数が増えていく過程で，いつの間にか売上だけが一人歩きして，全体の利益・資金と個々のプロジェクトの利益（粗利）のつながりが把握できなくなるケースがあります。

売上さえ獲得すれば，利益や資金はついてくる感覚を持っていませんか？

残念ながら，売上の獲得が必ずしも利益や資金の増加につながるわけではありません。売上ですべての支出を賄うことができているかどうか，採算がとれているかどうかをチェックすることが重要です。

この採算管理が甘いと，資金繰りが悪化し，事業が成長していきません。

売上の獲得と並行して，利益や資金も意識的に管理しましょう。具体的なポイントは次の３点です。

① **個々のプロジェクト（あるいはプロダクト）と全体の数値との関係を理解する。** ✓ 個々のプロジェクトの粗利額（売上高から外部への委託費を引いた差額）はいくらか？ ✓ 全体の粗利額のうち，人件費に支出する割合はいくらか？ ✓ その他経費はいくらか？ ✓ 借入金の返済額は，売上や利益水準から考慮して妥当か？
② **仮説を立てて，検証するというステップを重視する。** 期初に必要な資金を計画し，そこから逆算して，売上高，粗利率，労働分配率（粗利額に対する人件費の割合），その他経費を決めて，PDCAサイクルを回す。
③ **品質・納期・採算を３点セットで考える。** 商品やサービスの品質は，時間や資金に比例する場合が多いので，常に納期と採算もセットで品質を議論する。 １年間をかけて１つの商品作りに没頭すれば，すごくよい商品ができるかもしれない。しかし，お客様は待ってくれるのか，また，その商品がいくらでいくつ売れたら開発投資資金は回収できるのか，を考慮する。

②の仮説検証プロセスは，１人でやるのは大変なので，数字の話を率直にできるパートナーをみつけておくことも重要です。その時の条件は，会計の知識があることと率直に意見を言い合える関係であること，または事前にそういう関係が理想であるということを確認し合っておくことです。そして，事業計画のシナリオは悲観シナリオも立て，撤退条件も決めておくことをお勧めします。シナリオどおりにいかず低空飛行が続き，資金も枯渇してくると冷静な判断力を失うので，あらかじめシナリオとして考えておくことは重要です。予期せぬことが起こるということを予期しておくことが大切です。

また，③の「品質」と「納期」と「採算」の３つは全く異なる側面であり，場合によっては担当者や担当部署がまたがることも想定されます。したがって，部門間の意識のズレ，品質・納期・採算のどれを重視するかによって（自身の役割によって）使う言葉や考えが異なる可能性に配慮し，常に３つをセットで考えること，共通言語を意識的に作ることをお勧めします。

(2) 甘い契約書管理による取引先とのトラブル（取引先との関係）

取引を開始するときは，誰もがトラブルが起こるとは思っていません。しかし，仕事を受注したり発注したりする際には，思いもよらないトラブルはつきものです。

トラブルが起きたときに，当初取り決めた内容に従って「こういう約束でしたよね」という前提から協議をスタートするのと，取決めがなく「ちゃんと話していませんでしたが，実は私はこういうつもりでした」からスタートするのとでは，大きく結果が異なります。当然ですが，前者のほうがトラブル解決につながりやすいはずです。

そういう意味で，良好な関係のときにしっかりと協議し，契約書（契約関係を文書化した書類）としてまとめておくことはとても重要です。

契約書を締結すること自体は面倒なようにも思えますが，その後も取引先と大きなトラブルなく，長いお付き合いができることを考えれば，結果的には効率的な営業活動だったと捉えられるでしょう。同じく，仕入業者等の取引先との関係もトラブルなく良好であれば，サービスの品質・納期・採算面でもよい効果をもたらすことになります。

(3) 甘い労務管理による労務トラブル（社員との関係）

社員採用に関しても，トラブルが起きる前提で採用することはまずありません。しかし，組織の中には予想外のトラブルが潜んでいるものです。

最初にしっかりと条件等について話し合い，かつ文書を交わしていれば，トラブルが起きたときに解決しやすくなります。

また，定期的に不満の解消を心がけていれば，社員との関係は良好となり，離職率の低下にもつながります。結果的には効率的な採用活動と考えることができます。社員が意欲的に働くことで，サービスの品質・納期・採算面でもよい効果をもたらすことになるでしょう。

(4) 内部者による不正

警察庁の犯罪統計資料によると，横領の認知件数は，毎年1,000件超の水準で推移しています。企業にとって横領は身内の恥となるので，よほどのことがない限り警察に告発しないと考えると，実際は数倍から数十倍の発生件数であると予測できます。企業法務に詳しい弁護士さん等と話しても，不正事件は本当に多いという認識です。

資金が枯渇していれば流用のしようもありませんので，成長している会社こそ不正は起きやすいです。業績が上昇している中で不正事件に巻き込まれてしまうと，成長が止まるだけでなく，最悪の場合，倒産してしまうこともあります。また，不正を起こした当事者との関係を想起しても，不正を発見し，懲戒解雇し，不正利得を追及し，数年にわたり弁護士等の協力を得て回収を図るというのは，事業発展に忙しい中で建設的な時間の使い方ではありません。そもそも不正に走るような「隙」を与えないことが，不正に走る社員にとっても，経営者にとっても望ましいのです。

まずは，自社でも不正が起きる可能性があるということを自覚しましょう。そして，不正が起きたら発見できる体制，できれば，未然に不正を防止する体制を構築しましょう。内部者による不正が起きないようにすることは，結果的に社員を守ることであるとしっかりと認識しておくことが重要です。

内部者不正は，最初はちょっとしたきっかけから起きることが多いです。たとえば，「目の前に手を出せるお金があるから，数日だけ少額を拝借しよう」ということからはじまり，そのうち，金額が膨らみ取り返しがつかなくなってしまうケースです。この場合でも，最初のきっかけを与えてしまったのは経営者です。最初から悪事を働こうとして入社する社員はほとんどいません。

(5) 経営者による粉飾

本書では，不正と粉飾との違いを，経営者が主導しているかどうかで区別することにします。不正は，経営者以外の役員や社員等が主導し経営者は知らない，つまり経営者は被害者の立場にある行為とします。これに対して，粉飾は経営者が主導する行為とします。

粉飾は，本来の経営の姿を歪めることであり，利害関係者への背信です。粉飾を予防する環境を整備していくことが，経営管理体制構築において重要です。

スタートアップ段階から前記５つの視点を念頭に置き，経営管理体制を構築することにより，企業はさらなる成長ステージに進んでいくことができます。

経営に正解はありませんし，経営管理体制にも正解はありませんが，共通する留意点はあります。これらを意識することで，あなたの事業を成長させていきましょう。

4. 経営管理体制構築をストーリーで学ぶ

これまで経営管理体制の構築を後回しにしたばかりに，あと一歩のところで上場のタイミングを逃した会社や不祥事に巻き込まれて倒産寸前まで追い込まれた会社，人員不足を補うために大量採用に踏み切り人事トラブルに発展した会社等をみてきました。

上場を目指さないにしても，事業を継続・拡大していくためには，できるだけ早いタイミングで，経営管理体制の整備に着手していくことをお勧めします。

経営管理についてイメージができないと，体制を構築することもできません。また，早く整備するに越したことはありませんが，会社の成長フェーズによって，重点的に整備すべき項目が異なることも事実です。ガチガチに整備しすぎてしまうと運用のためのコストが膨大となって効率が下がり，本業の業務を圧迫してしまうこともあります。

そこで，本書では，経営管理体制の構築について，具体的にイメージできるように，ある人物と会社を例に挙げ，その会社の成長フェーズごとに前記の５つの視点に基づいて，どんなことを検討していけばよいのかを紹介していきます。これにより，経営管理体制は身近なもので，早い段階から少しずつ整備・運用しておくことの重要性も理解できます。

また，ストーリーの形で会社の成長過程を追うことで，どのように経営管理体制を固めたらよいか具体的なイメージを抱けるはずです。あなたの事業の成長フェーズと照らし合わせながらご覧ください。

それでは，本書に登場する主人公をご紹介します。

＼STORY／

高橋光さん（37歳）は，2006年４月に大学の理工学部を卒業後，ゲーム制作会社Ｋ社に入社した。小さい頃から根っからのゲーム好き。人と接することは得意ではなかったが，ゲームのこととなればずっと話をしていられた。
職場では，ゲームのプログラマーとなったが，30代中盤頃から新規の企画にも携わらせてもらえるようになった。
ゲームクリエイターとして勤務し10年ほど経った頃，趣味の延長で，近所の子どもたちに無料でプログラミングを教えはじめる。独身の高橋さんは，甥っ子と触れあう中で，子どもたちのために自分ができることを探っていきたいと考えるようになったのだ。
プログラミング教室の子どもたちと接しながら感じたのは，「どんなものを作りたい？」「好きに作ってみたら？」と言っても，なかなか自分を表現できない子どもが多いことだった。自分で課題を設定したり表現したりすることに慣れていない子どもたちを目のあたりにし，高橋さんはプログラミング教室の重要性を実感しはじめる。
高橋さんは，子どもたちにプログラミングを学ぶ機会を提供することで，好奇心と想像力を養って豊かな人生を歩んでほしいと願い，プログラミング教室事業に本腰を入れることにした。

Chapter 1

▶Departure

会社設立

1. 法人化

\ STORY /

高橋さんが，プログラミングを教えはじめて１年ほど経った頃，保護者からビジネスとしてプログラミング教室を開校することを勧められた。
そこで，Ｋ社に勤務したまま個人事業主として，埼玉県の自宅で子ども向けプログラミング教室を開校した。Ｋ社には兼業の申請をして，業務に支障が出ない範囲で行うということで了承を得た。
教室は次第に近所で評判となり，手応えを感じた高橋さんは，千葉県の両親の自宅マンションの１室を２教室目としてオープンした。
開業１年半で，２教室あわせて，生徒数100名，売上高600万円，利益300万円となった。月謝制とし，価格はコースによって異なるが，１人当たり月平均5,000円程度である。
高橋さんは，このプログラミング教室を10年，20年と成長させ続ける組織にするために，法人化を検討しはじめた。漠然とではあるが，将来的には株式上場も視野に入れている。
会社設立コストやその後のランニングコストは低く抑えたい。しかし，銀行等の取引先やお客様，これからジョインする仲間からきちんと体制が整った会社だと思われたいと考えている。

高橋さんが法人化を検討するにあたり，先輩経営者Ａさんの話を聞いています。

Ａさんは，ちょうど独立して，事業をはじめようとしていたときに，ある人から「株式会社（資本金2,000万円）の休眠会社があるので，それを10万円で購入しないか？」という申し出があり，普通に会社を設立するよりも安いからということで，安易にその会社を購入し，事業を開始しました。

しかし，すぐに資金が不足し，銀行に融資を申し込むことにしました。Aさんは，創業支援融資の対象になると考えていましたが，銀行からは「あなたの会社は対象にならない」と言われ，過去の決算書や定款等の書類の提出を求められ，いろいろと突っ込んだ質問をされた挙句，結局融資を受けることはできませんでした。

さらに，事業開始1年目の決算は赤字でしたが，法人住民税均等割18万円を納付しました。もし，個人事業としてスタートしていれば，個人住民税均等割は（2020年の東京都の場合）5,000円でした。

また，創業支援融資の対象になる可能性も高いです。

このことから，いつかは会社にしたいという希望があったとしても，いつ会社にするかは一度立ち止まって検討することが大切であるということがわかります。

また，高橋さんは，人材派遣会社を経営しているBさんから，次のような話を聞きました。Bさんは当初，個人事業主としてシステム開発案件を受託していましたが，お客様からシステム開発ができる人材を派遣して欲しいという要望も受けるようになり，労働者派遣事業への進出についての検討を始めました。「労働者派遣事業」を行うためには，厚生労働大臣の許可を受けることが必要で，許可は個人事業主のままでも申請可能でしたが，事業拡大を見据えて，会社を設立して，「労働者派遣事業」の申請を行うこととしました。

労働者派遣事業者としての許可を受けるための要件は，「現預金が1,500万円以上あること」や「事業所面積がおおむね20㎡以上であること」などがあり，専門家に相談しながら取り組み，会社設立後1年6か月後に，無事取得できました。

高橋さんは，個人事業主でも労働者派遣事業者としての許可を受けられると聞き，慌てて法人化しなくても，ほとんどの事業は個人事業としてできることを再認識しました。

それと同時に，個人事業から法人に移行するには，契約主体や銀行口座の変更，許認可の再取得などの手続きが必要となり，事業が拡大してからの（法人への）移行はあまり得策でないことも理解しました。

ここでは，高橋さんの気づきも念頭に「法人化のタイミング」と「法人の種類」について取り上げます。

⑴ 「個人事業」から「法人」への乗り換えのタイミング

１つ目は，「個人事業」から「法人」への乗り換えのタイミングです。これは，「採算管理の視点」を念頭に，資金の流れを再検証してから判断しましょう。

一般的には，安定して年間300～500万円くらいの利益が出るようになったときが，法人化のタイミングといわれています。

個人事業の過去１年間の損益と資金の動きを整理し，今後１年間の損益と資金を月別推移形式でシミュレーションすることで，１年後にどれくらいの利益と資金が残るかを検証してみましょう。

Ⅲ 損益推移サンプルイメージ

■AGATE - 第1期損益着地予想／税抜（単位：円）

勘定科目	予想 4月度	予想 5月度	予想 6月度	予想 7月度	予想 8月度	予想 9月度	予想 10月度	予想 11月度	予想 12月度	予想 1月度	予想 2月度	予想 3月度	当期残高(合計)
[売上高]													
売上高	1,000,000	1,050,000	1,100,000	1,150,000	1,200,000	1,250,000	1,300,000	1,350,000	1,400,000	1,450,000	1,500,000	1,550,000	15,300,000
売上高合計	1,000,000	1,050,000	1,100,000	1,150,000	1,200,000	1,250,000	1,300,000	1,350,000	1,400,000	1,450,000	1,500,000	1,550,000	15,300,000
[売上原価]													0
期首商品棚卸高													0
外注費（原価）	300,000	315,000	330,000	345,000	360,000	375,000	390,000	405,000	420,000	435,000	450,000	465,000	4,590,000
機材費													0
当期商品仕入高													0
合計	300,000	315,000	330,000	345,000	360,000	375,000	390,000	405,000	420,000	435,000	450,000	465,000	4,590,000
期末商品棚卸高													0
売上原価	300,000	315,000	330,000	345,000	360,000	375,000	390,000	405,000	420,000	435,000	450,000	465,000	4,590,000
売上総損益金額	700,000	735,000	770,000	805,000	840,000	875,000	910,000	945,000	980,000	1,015,000	1,050,000	1,085,000	10,710,000
[販売管理費]													0
役員報酬	300,000	300,000	300,000	300,000	300,000	300,000	300,000	300,000	300,000	300,000	300,000	300,000	3,600,000
給料手当			400,000	400,000	400,000	400,000	400,000	400,000	400,000	400,000	400,000	400,000	4,000,000
賞与													0
法定福利費	36,000	36,000	84,000	84,000	84,000	84,000	84,000	84,000	84,000	84,000	84,000	84,000	912,000
福利厚生費													0
広告宣伝費													0
交際費													0
会議費													0
旅費交通費	5,000	5,000	5,000	5,000	5,000	5,000	5,000	5,000	5,000	5,000	5,000	5,000	60,000
通信費	5,000	5,000	5,000	5,000	5,000	5,000	5,000	5,000	5,000	5,000	5,000	5,000	60,000
事務消耗品費	5,000	5,000	5,000	5,000	5,000	5,000	5,000	5,000	5,000	5,000	5,000	5,000	60,000
修繕費													0
水道光熱費	10,000	10,000	10,000	10,000	10,000	10,000	10,000	10,000	10,000	10,000	10,000	10,000	120,000
新聞図書費													0
諸会費													0
支払手数料	2,000	2,000	2,000	2,000	2,000	2,000	2,000	2,000	2,000	2,000	2,000	2,000	24,000
地代家賃	50,000	50,000	50,000	50,000	50,000	50,000	50,000	50,000	50,000	50,000	50,000	50,000	600,000
租税公課													0
支払報酬料	20,000	20,000	20,000	20,000	20,000	20,000	20,000	20,000	20,000	20,000	20,000	20,000	240,000
研究開発費													0
雑費	50,000	50,000	50,000	50,000	50,000	50,000	50,000	50,000	50,000	50,000	50,000	50,000	600,000
販売管理費計	483,000	483,000	931,000	931,000	931,000	931,000	931,000	931,000	931,000	931,000	931,000	931,000	10,276,000
営業損益金額	217,000	252,000	▲ 161,000	▲ 126,000	▲ 91,000	▲ 56,000	▲ 21,000	14,000	49,000	84,000	119,000	154,000	434,000
[営業外収益]													0
受取利息													0
雑収入													0
営業外収益合計	0	0	0	0	0	0	0	0	0	0	0	0	0
[営業外費用]													0
営業外費用合計	0	0	0	0	0	0	0	0	0	0	0	0	0
経常損益金額	217,000	252,000	▲ 161,000	▲ 126,000	▲ 91,000	▲ 56,000	▲ 21,000	14,000	49,000	84,000	119,000	154,000	434,000

Ⅲ 資金推移サンプルイメージ

黒色：実績
橙色：予定
青色：予想

単位：円

		項目	4月 4/11-4/25	4月 4/26-5/10	5月 5/11-5/25	5月 5/26-6/10	6月 6/11-6/25	6月 6/26-7/10	7月 7/11-7/25	7月 7/26-8/10	8月 8/11-8/25	8月 8/26-9/10	9月 9/11-9/25	9月 9/26-10/10
		売上高												
営業収支	入金	A社売上(回収代行会社)		1,100,000		1,155,000		1,210,000		1,265,000		1,320,000		1,375,000
		A社売上(現金)												
		A社売上(その他振込)												
		B社売上												
		その他売上												
		計	0	1,100,000	0	1,155,000	0	1,210,000	0	1,265,000	0	1,320,000	0	1,375,000
		雑収入												
		その他												
		計	0	0	0	0	0	0	0	0	0	0	0	0
		合計	0	1,100,000	0	1,155,000	0	1,210,000	0	1,265,000	0	1,320,000	0	1,375,000
	出金	講師支払い			▲ 330,000		▲ 346,500		▲ 363,000		▲ 379,500		▲ 396,000	
		B社支払い												
		役員＋給料			▲ 300,000		▲ 300,000		▲ 700,000		▲ 700,000		▲ 700,000	
		請求書払い(口座引落)				▲ 35,200		▲ 35,200		▲ 35,200		▲ 35,200		▲ 35,200
		請求書払い(月末振込)												
		社会保険・労働保険				▲ 72,000		▲ 72,000		▲ 72,000		▲ 72,000		▲ 72,000
		税金(源泉＆消費税＆法人税)												
		地代家賃（拠点1）＋駐車場												
		教室家賃（拠点2）				▲ 55,000		▲ 55,000		▲ 55,000		▲ 55,000		▲ 55,000
		教室家賃（拠点3）												
		社宅家賃												
		三井住友VISAカード												
		セゾンAMEXカード												
		その他				▲ 71,500		▲ 71,500		▲ 71,500		▲ 71,500		▲ 71,500
		合計	0	0	▲ 630,000	▲ 233,700	▲ 646,500	▲ 233,700	▲ 1,063,000	▲ 233,700	▲ 1,079,500	▲ 233,700	▲ 1,096,000	▲ 233,700
		営業キャッシュフロー	0	1,100,000	▲ 630,000	921,300	▲ 646,500	976,300	▲ 1,063,000	1,031,300	▲ 1,079,500	1,086,300	▲ 1,096,000	1,141,300
投資収支	入金	貸付金回収												
		計											0	0
	出金	貸付金												
		株式等投資												
		計	0	0	0	0	0	0	0	0	0	0	0	0
		投資キャッシュフロー	0	0	0	0	0	0	0	0	0	0	0	0
財務収支	入金	長期借入金(社長)												
		増資（株式）												
		定期預金等												
		計	0	0	0	0	0	0	0	0	0	0	0	0
	出金	借入金(社長)返済												
		定期預金等												
		計	0	0	0	0	0	0	0	0	0	0	0	0
		財務キャッシュフロー	0	0	0	0	0	0	0	0	0	0	0	0
		当期キャッシュフロー	0	1,100,000	▲ 630,000	921,300	▲ 646,500	976,300	▲ 1,063,000	1,031,300	▲ 1,079,500	1,086,300	▲ 1,096,000	1,141,300
		前月繰越高	3,000,000	3,000,000	4,100,000	3,470,000	4,391,300	3,744,800	4,721,100	3,658,100	4,689,400	3,609,900	4,696,200	3,600,200
		当月繰越高	3,000,000	4,100,000	3,470,000	4,391,300	3,744,800	4,721,100	3,658,100	4,689,400	3,609,900	4,696,200	3,600,200	4,741,500
		内訳												
		三井住友銀行												
		住信SBI銀行(日本円)												
		計	0	0	0	0	0	0	0	0	0	0	0	0
		検算	▲ 3,000,000	▲ 4,100,000	▲ 3,470,000	▲ 4,391,300	▲ 3,744,800	▲ 4,721,100	▲ 3,658,100	▲ 4,689,400	▲ 3,609,900	▲ 4,696,200	▲ 3,600,200	▲ 4,741,500

		項目	10月 10/11-10/25	10月 10/26-11/10	11月 11/11-11/25	11月 11/26-12/10	12月 12/11-12/25	12月 12/26-1/10	1月 1/11-1/25	1月 1/26-2/10	2月 2/11-2/25	2月 2/26-3/10	3月 3/11-3/25	3月 3/26-4/10
		売上高												
営業収支	入金	A社売上(回収代行会社)		1,430,000		1,485,000		1,540,000		1,595,000		1,650,000		1,705,000
		A社売上(現金)												
		A社売上(その他振込)												
		B社売上												
		その他売上												
		計	0	1,430,000	0	1,485,000	0	1,540,000	0	1,595,000	0	1,650,000	0	1,705,000
		雑収入												
		その他												
		計	0	0	0	0	0	0	0	0	0	0	0	0
		合計	0	1,430,000	0	1,485,000	0	1,540,000	0	1,595,000	0	1,650,000	0	1,705,000
	出金	講師支払い	▲ 412,500		▲ 429,000		▲ 445,500		▲ 462,000		▲ 478,500		▲ 495,000	
		B社支払い												
		役員＋給料	▲ 700,000		▲ 700,000		▲ 700,000		▲ 700,000		▲ 700,000		▲ 700,000	
		請求書払い(口座引落)		▲ 35,200		▲ 35,200		▲ 35,200		▲ 35,200		▲ 35,200		▲ 35,200
		請求書払い(月末振込)												
		社会保険・労働保険		▲ 72,000		▲ 72,000		▲ 72,000		▲ 72,000		▲ 72,000		▲ 72,000
		税金(源泉＆消費税＆法人税)												
		地代家賃（拠点1）＋駐車場												
		教室家賃（拠点2）		▲ 55,000		▲ 55,000		▲ 55,000		▲ 55,000		▲ 55,000		▲ 55,000
		教室家賃（拠点3）												
		社宅家賃												
		三井住友VISAカード												
		セゾンAMEXカード												
		その他		▲ 71,500		▲ 71,500		▲ 71,500		▲ 71,500		▲ 71,500		▲ 71,500
		合計	▲ 1,112,500	▲ 233,700	▲ 1,129,000	▲ 233,700	▲ 1,145,500	▲ 233,700	▲ 1,162,000	▲ 233,700	▲ 1,178,500	▲ 233,700	▲ 1,195,000	▲ 233,700
		営業キャッシュフロー	▲ 1,112,500	1,196,300	▲ 1,129,000	1,251,300	▲ 1,145,500	1,306,300	▲ 1,162,000	1,361,300	▲ 1,178,500	1,416,300	▲ 1,195,000	1,471,300
投資収支	入金	貸付金回収												
		計	0	0	0	0	0	0	0	0	0	0	0	0
	出金	貸付金												
		株式等投資												
		計	0	0	0	0	0	0	0	0	0	0	0	0
		投資キャッシュフロー	0	0	0	0	0	0	0	0	0	0	0	0
財務収支	入金	長期借入金(社長)												
		増資（株式）												
		定期預金等												
		計	0	0	0	0	0	0	0	0	0	0	0	0
	出金	借入金(社長)返済												
		定期預金等												
		計	0	0	0	0	0	0	0	0	0	0	0	0
		財務キャッシュフロー	0	0	0	0	0	0	0	0	0	0	0	0
		当期キャッシュフロー	▲ 1,112,500	1,196,300	▲ 1,129,000	1,251,300	▲ 1,145,500	1,306,300	▲ 1,162,000	1,361,300	▲ 1,178,500	1,416,300	▲ 1,195,000	1,471,300
		前月繰越高	4,741,500	3,629,000	4,825,300	3,696,300	4,947,600	3,802,100	5,108,400	3,946,400	5,307,700	4,129,200	5,545,500	4,350,500
		当月繰越高	3,629,000	4,825,300	3,696,300	4,947,600	3,802,100	5,108,400	3,946,400	5,307,700	4,129,200	5,545,500	4,350,500	5,821,800
		内訳												
		三井住友銀行												
		住信SBI銀行(日本円)												
		計	0	0	0	0	0	0	0	0	0	0	0	0
		検算	▲ 3,629,000	▲ 4,825,300	▲ 3,696,300	▲ 4,947,600	▲ 3,802,100	▲ 5,108,400	▲ 3,946,400	▲ 5,307,700	▲ 4,129,200	▲ 5,545,500	▲ 4,350,500	▲ 5,821,800

このとき，入金してから出金するという資金の流れを意識することが重要です。売上代金の入金タイミングと給与や業務委託費等の支払タイミングを再度見直してみましょう。

たとえば，売上代金40万円が月末締めで30日後に入金されるとして，給与10万円が翌月10日に支払われる場合，10万円が持ち出しとなります。さらに業務委託費15万円が翌月25日に支払われる場合，合計25万円の持ち出しとなります。

	10日	25日	30日
入金	−	−	40
出金	10	15	−
財布	▲10	▲25	＋15

↑
この時点では25万円の持ち出し

この持ち出し体質を残したまま事業規模が大きくなっていくと，資金負担が次第に重くなってしまいます。

最初が肝心です。資金繰りが苦しくなってから，取引先に「支払サイトを伸ばしてください」といった交渉をしたとしても，警戒されてしまいます。支払サイト・回収サイトは，先入観を持たずに，フラットな目線で考えましょう。「業界の常識」にとらわれず，振込手数料や印紙税等も含め，あらゆる入金と支払を俎上に載せて，検討してみましょう。

⑵ 法人の種類

２つ目は，法人の種類です。高橋さんの事業内容や将来構想を考慮すると，株式会社がお勧めですが，合同会社や社団法人・NPO法人等の選択肢も検討の余地はあります。また，最初は株式会社でスタートすることを選択しても，その後のグループ形成の中で，合同会社や社団法人，NPO法人等を設立することもありますので，概念を理解しておくことは有用です。

では，株式会社や合同会社，社団法人，NPO法人の違いを理解するために，企業，法人，会社の定義を確認しましょう。

企業とは，継続的に生産・販売・サービス等の経済活動を営む組織体のことをいいます。法人だけではなく個人事業主も企業に含まれます。

企業＝
- 会社
- 会社以外の法人
- 個人の経営する店・事務所

法人とは，企業の中でも利益や公益等を目的に形成された，法律が権利･義務の主体として認めた組織のことをいいます（民法33条）。公法人と私法人に分けられ，私法人は，営利目的の営利法人と非営利目的の非営利法人に分けられます。公法人は，公庫や公社，独立行政法人等の特定の国家目的のために設立された法人です。

Ⅲ 法人と個人

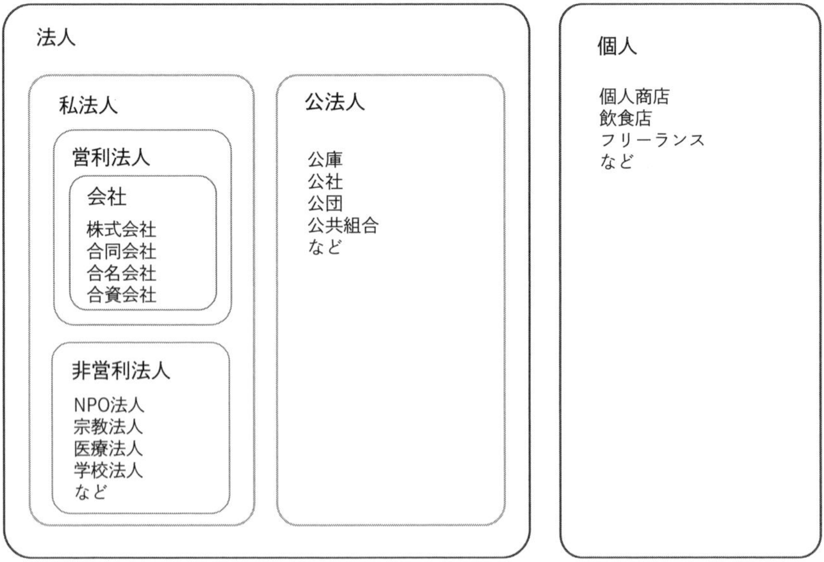

営利法人は，法人の活動で獲得した利益を，その構成員である出資者に分配することを目的としている法人で，一般的に「会社」を指しており，会社法は株式会社のほか，合同会社，合名会社，合資会社の４種類を認めています。なお，有限会社もありますが，厳密には会社法上は「有限会社という商号の株式会社」になります。

非営利法人は，法人の活動で獲得した利益を，その構成員で分配せずに，法人の目的を達成させるために使用する法人です。すなわち，非営利法人でも利益をあげること自体は禁止されていませんが，利益を構成員に分配することは禁止されています。非営利法人には，NPO法人，一般社団法人・公益社団法人，一般財団法人・公益財団法人，社会福祉法人等が該当します。

では，４つの会社の違いをみていきましょう。

株式会社と合同会社は，出資者全員が有限責任社員によって構成される会社形態であり，合名会社は無限責任社員のみで構成される会社組織です。合資会社は，有限責任社員と無限責任社員で構成される会社組織です。

有限責任社員とは「自分が出資した分だけ会社に対して責任を負う社員」のことで，無限責任社員は「会社が倒産した場合，有限責任社員は出資した以上には会社の負債（借金）を弁済する義務がないのに対し，会社の負債に対して無限の責任を負う社員」のことです。なお，ここでいう社員とは（会社法上）出資者のことを指し，会社と雇用契約を結ぶ従業員のことではありません。

株式会社は，事業を行う経営者と資金提供者（投資家）に分かれ，株式を発行して投資家から資金を調達し，その代金で事業活動を行うことを想定した会社形態です。同じ有限責任社員で構成される合同会社に対する主なメリットとしては，株式を発行することにより資金調達をしやすい，社会的な信頼性が高い等があり，主なデメリットとしては，設立費用やランニングコストが高い，毎年決算書の公開（決算公告）が必要，役員に任期がある（最長10年で改選が必要）等があります。

Ⅲ　4つの会社の違い

	株式会社	持分会社		
		合同会社	合名会社	合資会社
出資者の名称	株主	社員	社員	社員
最高意思決定機関	株主総会	社員総会	社員総会	社員総会
出資者が負う責任	有限責任	有限責任	無限責任	有限責任社員と無限責任社員
必要な株主・社員の人数	1人以上	1人以上	1人以上	2人以上
経営の主体	取締役	業務執行社員	業務執行社員	業務執行社員
取締役等の人数制限	取締役1人以上で可，監査役の設置は任意	−	−	−
利益配分	出資比率	自由	自由	自由
資本金の下限	資本金の制限なし，1円可	資本金の制限なし，1円可	−	−
設立の手続	若干の手間と費用がかかる	比較的簡単	比較的簡単	比較的簡単
株式会社への組織変更	−	可能	可能	可能

一方，合同会社はLLC（Limited Liability Company）とも呼ばれ，2006年の会社法施行によって新たに設けられた法人形態です。株式会社に対する主なメリットとしては，設立費用やランニングコストが安い，出資者への配当割合を（出資比率に関係なく）自由に決められる，決算書の公開（決算公告）は不要，役員の任期は無制限等があり，主なデメリットは，社会的な信頼性が低い，出資者への配当割合（利益配分）が固定されないため（出資者同士が）対立する可能性がある，株式上場できない，資金調達方法が限定的である等です。

要するに，合同会社はこじんまりと少人数でビジネスをやるには適していますが，多くの出資者を募ることを想定していません。途中で合同会社から株式会社に変更することもできますが，その場合は銀行口座の名義等の変更手続が必要となったり，印鑑を変更したり，取引が拡大してから行うには面倒なことが多いです。

次に，合名会社は，会社の債務者に対して直接連帯責任を負う無限責任社員のみで構成されるので，個人事業の事業主が複数人になり，共同で事業を行う場合等に利用されます。

最後に，合資会社は，有限責任社員と無限責任社員で構成される会社組織です。合資会社は，合同会社と比べたときのメリットは特にありません。

したがって，2006年の会社法施行によって合同会社が認められてからは，会社設立の場合は，株式会社か合同会社のどちらかを選択することが多いです。

次に非営利法人のうち，比較検討されることの多い「社団法人」「財団法人」「NPO法人」の違いについて，みていきましょう。

簡単にいうと，社団法人は「人の集まり」で，財団法人は「財産の集まり」のことです。さらにそれぞれ「一般」と「公益」に分けられます。公益社団（あるいは財団）法人は，一般社団（あるいは財団）法人のうち国や都道府県より公益認定された社団（あるいは財団）法人のことをいいます。認定を受けるには「公益社団法人及び公益財団法人の認定等に関する法律」に定められる23種類の事業分野に該当すること，公益目的の事業費が全体の支出の50%以上を占めていること等があります。

NPO法人は，「特定非営利活動促進法」という特別法に基づく法人です。一般社団法人や一般財団法人は会社と同様に活動内容の制限がありませんが，NPO法人は，特定非営利活動促進法により活動内容が特定非営利活動促進法で定める20分野に制限されています。

一般社団法人・一般財団法人・NPO法人の主な違いは，下図のとおりです。

Ⅲ　一般社団法人・一般財団法人・NPO法人の違い

	一般社団法人	一般財団法人	NPO法人
定義	一定の目的を持って集まった集団のうち，法人格が与えられた非営利団体のこと	個人や団体から拠出された財産の集まりに対して法人格が与えられた非営利団体のこと	特定非営利活動促進法に基づいて特定非営利活動を行うことを主たる目的とする法人
特徴	人の集まり	財産の集まり	人の集まり
活動内容	特に制限なし	特に制限なし	特定非営利活動促進法に基づく特定非営利活動に制限
社員 (議決権を持つ構成員)	2名以上	1名でも可能	10名以上
設立時に必要な出資（財産）の額	0円でも可能	300万円以上	0円でも可能
設立時に必要な役員等の人数	理事1名でも設立可能	理事3名以上 監事1名以上 評議員3名以上 合計7名必要	理事3名以上 監事1名以上 合計4名必要
役員の親族規定	なし	なし	あり
設立に要する期間	2～3週間	2～3週間	3～5か月
所轄庁への報告義務	なし	なし	都道府県又は政令指定都市への報告義務あり（年1回，決算書類等を提出）
法人税	収益事業に対して課税	収益事業に対して課税	収益事業に対して課税
設立登記時の登録免許税	課税	課税	不課税

会社設立に関して，高橋さんから次のような質問がありました。

Q 個人事業から株式会社に移行することで，どんな変化があるのでしょうか？

A 税金面では，個人事業には「所得税および住民税」が課されるのに対し，会社には「法人税」が課されるということが大きな違いです。

個人事業の利益（所得）には，「所得税および住民税」が課されます。所得税の税率は利益（所得）金額によって異なり，住民税は一律10%です。

会社の利益（所得）には，「法人税」が課されます。法人税は一般的に「法人税」「法人住民税」「法人事業税」「地方法人税」の４つに分けられ，正確には「法人税等」といいます。

法人税は基本的に会社の利益（所得）に関係なく，一定率です。

中小企業の特例を受ける資本金１億円以下の普通法人の場合，利益（所得）が400万円以下の部分は約22%，利益（所得）が400万円超～800万円以下の部分は約25%，利益（所得）が800万超の部分は約37%です。平均すると概ね35%です。

したがって，利益が一定額を上回ると，（同じ利益に課税される税金は）法人税よりも所得税の方が多くなります。

なお，正確には利益と所得は異なる概念で，その違いは後述します。

〈参考：所得税率表〉

課税される所得金額	税率
195万円以下	5%
195万円超　330万円以下	10%
330万円超　695万円以下	20%
695万円超　900万円以下	23%
900万円超　1,800万円以下	33%
1,800万円超　4,000万円以下	40%
4,000万円超	45%

〈参考：法人の実効税率（法人の所得金額に対する法人税，地方法人税，住民税，事業税の額の合計額の割合）〉

中小企業の特例を受ける資本金１億円以下の普通法人の場合（2019年７月時点の税制を前提としています）

法人の課税所得金額	実効税率
400万円以下の部分	約22%
400万円超～800万円以下	約25%
800万円超	約37%

次に，法人化によるメリットをみていきましょう。

- 経営者個人から事業部分を切り出して，法的に別の人格として運営していくことができる。具体的には，人材採用や設備投資・取引先との契約等を経営者個人ではなく，会社で行うことができるようになる
- 経営者個人は会社から社長として役員報酬を受け取ることで，給与所得控除を受けることができるようになる。給与所得控除とは，所得税を計算する際に，給与所得者の給与（役員報酬）から一定額を差し引くことのできる控除額のこと
- ほかにも，２年間の消費税免除，９年間の赤字の繰り越し，生命保険加入時の支払保険料の経費処理といったメリットも一定の要件を満たすと享受できる

〈参考：給与所得控除表〉

給与等の収入金額（年収）	給与所得控除額	
	2017年度～2019年度分	2020年度分以降
162.5万円以下	65万円	55万円
162.5万円超 180万円以下	収入金額×40％	収入金額×40％－10万円
180万円超 360万円以下	収入金額×30％＋18万円	収入金額×30％＋８万円

<table>
<tr><td>360万円超
660万円以下</td><td>収入金額×20％＋54万円</td><td>収入金額×20％＋44万円</td></tr>
<tr><td>660万円超
850万円以下</td><td rowspan="2">収入金額×10%＋120万円</td><td>収入金額×10%＋110万円</td></tr>
<tr><td>850万円超
1,000万円以下</td><td rowspan="2">195万円（上限額）</td></tr>
<tr><td>1,000万円超</td><td>220万円（上限額）</td></tr>
</table>

では，法人化によるデメリットをみていきましょう。

- 社会保険や労働保険への加入が義務付けられる
- （先ほどの税金面の説明では省略しましたが）法人住民税には年間の利益が赤字でも課税される均等割（資本金等の額と社員数によって異なるが，最低７万円）がある
- 決算作業・法人税申告の事務負担・コスト負担が増加する

Q　会社設立の手続は煩雑ですが，素人だけで行うのは危険でしょうか？

A　今後の会社成長を考えると，法人登記や税務署への届出等は，費用を抑えるという面だけではなく，一度は経験しておいたほうがよい業務です。専門家からアドバイスをもらいながら，なるべく経営者自らが行うことをお勧めします。

会社設立手続に限らず，会社の基本となる手続は，まずは経営者が実践し，内容を理解してから誰かに委託することが，業務効率（採算管理）の面からも，不正予防の面からも望ましいです。

Q　定款は，会社設立以降も使いますか？

A　「会社設立時に作成する，公証人に認証された定款」を原始定款といいます。原始定款は信用調査や銀行借入・出資受入れ等の際に提出を求められることがありますので，必ず「データ版」と「押印した紙ベース」の２つを保管しましょう。

また，本社移転や決算期変更等により，原始定款に記載された事項に変更が生じた場合は，適宜変更することになります。最新の定款も，信用調査や銀行借入・出資受入等の際に提出を求められることがあります。

Q　株主名簿は，どんなときに必要ですか？

A　海外で銀行口座を開設する際に求められたり，投資家からの出資の際に求められたりします。株主名簿は法定の要件があります。具体的には，後記のとおりです。特に「株式を取得した日」は記載漏れとならないように留意してください。

会社法第121条（株主名簿）

株式会社は，株主名簿を作成し，これに次に掲げる事項（以下「株主名簿記載事項」という）を記載し，又は記録しなければならない。

一　株主の氏名又は名称及び住所

二　前号の株主の有する株式の数（種類株式発行会社にあっては，株式の種類及び種類ごとの数）

三　第一号の株主が株式を取得した日

四　株式会社が株券発行会社である場合には，第二号の株式（株券が発行されているものに限る。）に係る株券の番号

Q　印鑑の作り方・使い方を教えてください

A　印鑑は，代表印・銀行印・角印の３つを作り，下記のとおり使い分けます。

代表印	実印として印鑑登録する印鑑。契約書類等の重要な書類の押印に利用する。
銀行印	銀行に届ける印鑑。銀行口座からの入出金時等に利用する。
角印	請求書・見積書等の押印に利用する。事務担当者等に預けてもよいが，会社の印鑑であることに変わりはないので，厳重に管理する。

また，押印簿等を作成し，いつどの書類に押印したかは後から追えるようにしておきましょう。

Q 銀行口座は，どう使い分ければよいでしょうか？

A 入金口座（A銀行）と出金口座（B銀行）を分けておき，必要な額を出金口座に移し，振込手続を行うようにしましょう。
こうすることにより，桁間違い等による振込ミス等をある程度は防止することができます。
また，入金口座（A銀行）の出金権限は経営者のみが有し，担当者には，閲覧権限を付与し，出金口座（B銀行）の振込業務は，ネットバンキングを利用するとともに，担当者1名で完結できないように，入力者と承認者を分ける等の仕組みを用意しておくことで，権限を分散し不正のリスクを減らしましょう。

Q 採算管理や不正の観点から，この時期に検討しておいたほうがよいことはありますか？

A この時期からできることは，現金取引を極力減らすことです。
現金取引は，記録に残りません。不足額を銀行から出金した時や入金したものを転用したときは，メモが必要です。しかし，メモは改ざんできますので，現金取引は，不正の温床になります。
また，業務効率（採算管理）の視点からも，「現金を受け取り，数えて，領収書を渡す。また，現金を引き出し，数えて，手渡し。さらに残高を確認」という業務は多くの時間を要しますので，極力回避することが望ましいです。

Q 取締役は1名でスタートするのがよいでしょうか？

A ある程度規模が大きくなるまでは，取締役は1名が望ましいです。信頼して一緒に経営を担える人がいれば，もちろん取締役として迎えて問題はありません。しかし，人数合わせで，社員としての業務を担当する人を取締役とすることは勧めません。将来的なトラブルのもとになりますし，役員人事は登記事項として履歴を閲覧することができますので，取締役の解任やコロコロと役員が変更になる会社は信頼性が低いと思われてしまいます。

これらをふまえて，高橋さんは以下の選択をしました。

（高橋さんの選択）

✓プログラミング教室事業の利益が年間300万円を超え，「今後1年間の損益と資金」を月別推移形式でシミュレーションした結果，法人化してもよいタイミングだと判断した。

✓営利を目的としており，10年，20年と成長し続ける組織にしたいので，会社形態は株式会社を選択し，取締役は高橋さん1名にした。

✓持ち出しによる資金ショートの怖さを鑑みて，資金の流れを再検討し，月謝は「前月末に受取り（回収代行会社からの入金は当月10日）」に変更した。

✓銀行口座は，メガバンクの口座（入金用）とネット銀行系の口座（出金用）を1つずつ開設し，月謝の収受方法を現金受取から振込・口座引落・クレジット決済等に変更することにした。

2. 資本金

＼STORY／

高橋さんは，子ども向けプログラミング教室の事業で株式会社AGATEを設立することにした。教室は持ち家を活用しているため大きな開業資金は必要ない。
資金については貯金が1,000万円くらいあるので，しばらくの間，他者からの出資や融資は受けず，自己資金で運営していきたいと思っている。
当面は，埼玉県と千葉県の２店舗以外の新規の教室を開設する予定はない。

会社設立にあたり，高橋さんは先輩経営者Ｃさんから次のような話を聞いています。

Ｃさんは，個人事業でスタートしましたが，すぐに大口の受注が決まり，その大口取引先Ｚ社から「与信の関係で法人を設立してほしい。将来的に少し出資もしたい」と要請を受け，早速，株式会社を設立しました。

知人から「資本金は１円でも設立できる」と聞き，安易に「資本金１円」で設立しましたが，事務所の家賃契約を個人から法人に変更しようとしたところ，不動産オーナーから「代表者以外の（追加の）個人保証」か，あるいは「敷金の増額」を求められてしまいました。

また，６か月後にＺ社が出資する際に，発行済株式数が１株のため，Ｚ社に１株発行すると持株比率が50％になることから，（Ｚ社の出資前に）Ｃさんが追加で100万円（1,000株）を出資し，Ｚ社との持株比率を調整することになりました。

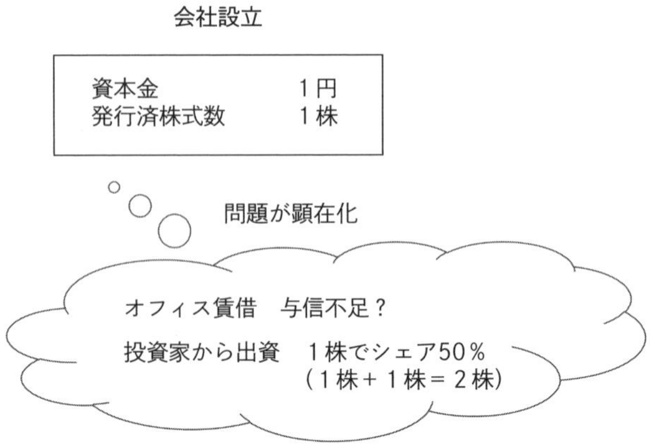

このことから，資本金は消費税等の税務メリットだけではなく，会社の信用面・融資や事業の許認可，助成金や補助金の要件等も考慮して，判断することが重要です。

さらに，資本金総額だけではなく，株数と株価にも配慮しておくと，将来，他者からの出資を受ける時もスムーズです。

少し深掘りしてポイントをみていきましょう。

(1)　資本金の総額をいくらにするか

1つ目は，資本金の総額をいくらにするかという点です。

2006年に施行された新会社法では，最低資本金制度が撤廃され，資本金1円でも株式会社を作れるようになりましたので，Bさんのように「資本金1円でスタートする」ケースも見受けられます。しかし，資本金は，会社の事業を行う際の元手であり，登記を通じて外部に公表することにもなりますので，多角的に検討しましょう。

採算管理の視点からは，消費税をはじめとする税金の取扱いが重要となります。また，事業の許認可・融資・助成金や補助金といった面も視野に入れましょう。さらに，取引先との関係では，売上規模に対しあまりに資本金が少ないと不自然に感じられ，信用不安を招くことも考慮しておきましょう。

■ 資本金に関して考慮すべき事項

税金	• 設立時の資本金が1,000万円未満の場合，原則として設立事業年度と翌事業年度は消費税を納めなくてもよい。 • 法人住民税の均等割は資本金の額が1,000万円超になると，年額７万円から18万円になる。 • 資本金が１億円以下の場合，多くの優遇策を受けることができる。 • 株式会社の場合，登録免許税は「資本金の額の1000分の７」ただし，15万円に満たない場合は15万円（資本金約2,140万円まで，登録免許税は15万円）。
信用	• 資本金の金額が大きいほど，会社の信用力が得られやすい傾向にある。
事業の許認可	• 事業の許認可によっては，資本金の額が認可の要件となっている。
融資	• 創業融資制度によっては，事業全体で要する資金の１/10～１/２の資本金を準備しているかを要件としている。
助成金・補助金	• 資本金の額により，受給できる助成金や補助金が異なるケースがある。

(2) 株数と株価をどうするか

２つ目は，将来的な資金調達を考慮し，株数と株価をどうするかという点です。資本政策で重要なことは，株価形成と安定株主作りです。

株価形成は右肩上がりを意識しましょう。株価が上がったり下がったりすることなく，毎年緩やかに上がっていくイメージです。

資金調達額は「株価×発行株数」で算定するので，株価が高いほど，発行する株数は少なくて済みます。すなわち，新しい出資者の保有比率を低く抑えることができます。しかし，未上場会社の株価は，上場会社の株価のように「市場（証券取引所）での売買価格」がありませんので，過去に売買実績がない中で，突然投資家に打診しても，経営者が希望する株価で出資してもらえる可能性は低いです。

したがって，将来的な投資家への売買を想定して，設立から徐々に売買実績を積み重ね，少しずつ株価を上昇させていくことが重要になります。つまり，設立時の株価はなるべく低めに設定し，その後，タイミングをみて売買実績を積み上げ，緩やかに株価を上げていくことが望ましいです。

また，安定株主作りは，会社のファンになってもらうことを意識しましょう。

株主も取引先の１つです。出資時には想像できないかもしませんが，後々，会社と株主との間でトラブルになるケースは少なくありません。特に，目先のキャピタルゲイン目当ての株主とはトラブルになりやすいものです。そしてトラブルになると，非生産的な時間を浪費することになります。そういった意味で，株主には，会社のファンになってもらうことが理想的です。株主には，短期的な利益を約束するのではなく，長く良好な関係を継続できるように心がけましょう。

設立当初から，どんな株主を招くかをイメージしておくことで，適切なタイミングであなたの会社にぴったりの方と出会える可能性が高まります。

なお，安定株主作りという観点からは，自分以外の株主が会社経営にどのように影響するか，どのような権利を有することになるかを理解しておくことも重要です。さらに，それらの権利行使における株数との関係についても押さえておきましょう。

株主が会社の経営に参加する一般的な方法は，株主総会での議決権行使です。株主総会では，役員の選解任や利益の配当，会社の合併といった重要なテーマについて，多数決で意思決定を行います。

Ⅲ 株主による経営参加
株主総会の決議要件

	定足数	決議要件	決議内容
普通決議	議決権の過半数を有する株主の出席	出席株主の議決権の過半数	役員の選解任や利益の配当等

特別決議	議決権の過半数を有する株主の出席	出席株主の議決権の３分の２以上	組織再編行為（合併，会社分割，株式交換，株式移転）会社の基礎 株式併合 株主の地位 譲渡制限株式の買取り等 株主平等原則 特に有利な払込金額・条件による募集株式・新株予約権の発行等 募集・発行 役員等の責任の一部免除 株主の利害 etc
特殊決議	省略	省略	省略

一定割合または一定の株式数を有する株主のみが行使し得る権利

権利	株式数
議題提案権（会社法303条） （株主総会で議題を提案する権利）	議決権の100分の１または株式数300個以上
議案通知請求権（会社法305条） （株主総会で提出する予定の議案を，別の株主に通知するよう要求する権利）	
株主総会の招集手続について検査役を選任するよう求める権利（会社法306条）	議決権の100分の１以上
会社の業務執行に関して検査役の選任を要求する権利（会社法358条）	議決権の100分の３以上
会社の会計帳簿を閲覧させるよう要求する権利（会社法433条）	
株主総会を招集するよう要求する権利（会社法297条）	
会社の役員を解任する訴えを提起する権利（会社法854条）	
会社解散の訴えを提起する権利（会社法833条）	議決権の100分の10以上

以上のことに考慮して，いつ・誰に・何株をいくらの株価で出資してもらうかを検討することになります。

さて，高橋さんからは次のような質問がありました。

Q　資本政策とは何ですか？

A　未上場会社における資本政策とは，

① 資金調達

② 株主利益の適正な実現

③ 株主構成の適正化

を図るための新株発行・株式移動等の計画をいいます。

Q　取引先は，資本金を気にしますか？与信に引っかかる金額の目安はありますか？

A　会社によっては，取引先候補となる相手会社の資本金を登記簿謄本等で確認し，一定の金額基準を決めて取引するかどうかを判断しているところもあります。

前記のとおり，2006年施行の新会社法によって，１円以上の資本金があれば，株式会社が設立できるようになりました。制度上，会社を設立する際に，自由に資本金の金額を設定することができますが，安易に「１円」と決定することは避けるべきです。実務においては，資本金の金額が大きいほど，会社の信用力が得られやすい傾向にあります。

資本金の金額目安としては，事業内容から考えて説明がつく額とすることが望ましいです。

当面，大きな設備投資を計画しない場合には，想定される運転資金を賄える金額を資本金としておきましょう。通常は，売上高の２～３か月分程度といわれています。

Q 「資本金総額」と「発行済株数と株価」以外にも留意すべきことはありますか？

A 今後の増資を見据えて，発行可能株式数は多めに設定しておくことをお勧めします。もちろん，発行可能株式数は，手続を踏めばいつでも増やすことは可能ですが，定款および登記の変更が必要となり，追加費用がかかるうえ，登記完了までに数週間を要します。資本政策の一環として，第三者割当増資の前に，株式分割を織り交ぜることがありますが，これは発行可能株式数の枠内でしかできませんので，株式分割する前に定款の変更が必要になります。すなわち，増資の申し出を受けているのに，発行可能株式数の増加の定款変更を行い，次に株式分割を行い，それからやっと増資の手続に入ることになり，場合によっては増資のタイミングを逸してしまうこともあります。
通常，設立時には「発行済株式数が200株に対し，発行可能株式数は1,000株くらいにしているケース」が多いようですが，100万株くらいでも特に問題ありません。

これらをふまえて，高橋さんは以下の選択をしました。

（高橋さんの選択）

✓税金と信用の観点から資本金を300万円とすることにした。

✓売上高２か月分を目安に，消費税の免税メリットを考慮して，自己資金の範囲内で無理のない金額とした。

✓これから本格的に事業展開していくうえで，取引先からどのようにみられるかは，とても気になるところであり，事業展開を見据えて増資を検討することとした。

- 発行可能株式数＝100万株
- １株当たり金額50円×発行済株式数６万株＝300万円

3. 役員報酬

＼STORY／

高橋さんは，無事に株式会社AGATEを設立。

資本金は自己資金で賄ったものの，会社設立費用や会社ロゴ・パンフレット・ホームページのリニューアル等に何かと出費がかさんでいる。設立時は予想外の出費があるものだということを学んだ。また，法人化に伴ってＫ社を退職。プログラミング教室事業に専念することとしたために，収入が減少した。

高橋さんの毎月の生活費は30万円程度。独身で貯金も1,000万円ほどあるので，１年間程度は無報酬であったとしても事業は継続できると考えている。

高橋さんは先輩経営者Ｄさんから次のような話を聞いています。

Ｄさんは15年前にシステム開発会社Ｙ社を創業しました。

５年前に，共同経営者としてＸさんを迎え入れ，Ｙ社の株式も一部譲渡していましたが，Ｘさんとの関係が悪化し，Ｙ社の業績も悪化したため，ＸさんにＹ社の経営から外れてもらうことにしました。

そのときに，Ｘさんが保有するＹ社株式を，Ｄさんが買い取ろうとしましたが，Ｄさん個人は株式を買い取る資金がなく，会社も業績悪化により，（会社法上の）自己株式買取り要件を満たさず，結局，Ｙ社からＤさんが資金を借りて購入しました。Ｄさんは，今でもＹ社からの借入金を返済中で，そのために役員報酬を増額したことによってＹ社は赤字です。

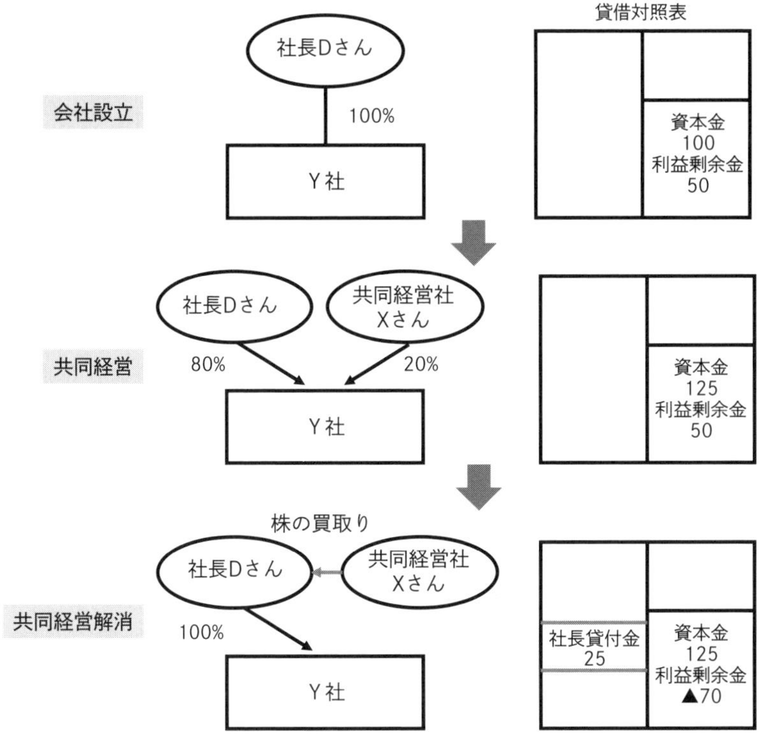

このことから，会社経営においてトラブルはつきもので，それを想定し，Y社だけではなくY社の経営者であるDさんの財産形成も，創業時から念頭に置いておくことが望ましいです。経営者が会社から受け取る役員報酬は，会社にとっては費用であり，支出であり，何らかのサービスを享受したことへの対価である一方で，経営者個人にとっては収入であり，生活費等に充当する資金となります。

経営者と株主は，本来は利害が対立しますが，経営者個人が会社の唯一の株主でありオーナーである場合は，役員報酬の金額は経営者が（実質的に）決定できる，会社の成長が経営者の収入（役員報酬）増につながる等，利害が一致する面も多いです。

したがって，経営者個人に支払う役員報酬の金額は社員等への給料とは切り離し，戦略的に決定することが重要です。役員報酬額を決定するにあたり，気をつけたい２つのポイントをみていきましょう。

(1) 役員報酬に関する会社法および税法上の取扱い

１つ目は，役員報酬に関する会社法上および税法上の取扱いの概要を理解しておくことです。特に税法上の取扱いは採算管理面で大きく影響します。

役員報酬は税務上，「税金逃れ」に利用されないように，一定の規定に基づいた場合にのみ損金計上が認められることになっています。仮に，役員報酬の損金計上が認められないとすると，たとえば，役員報酬支給前の会社の利益（法人所得）が100万円で，役員報酬を100万円支給した場合，会社の利益100万円に対して法人税を支払い，役員報酬を受け取った経営者が役員報酬100万円に対して所得税を支払うことになります。役員報酬の損金計上が認められると，会社の利益は「100－100＝０」となるので，法人税を支払う必要がなくなります。

では，役員報酬の損金計上が認められる「一定の規定」とは何でしょうか？

それは次の３種類です。

① 毎月一定額を支払う「定期同額給与」
② 事前に税務署への届け出が必要な「事前確定届出給与」（役員に支払われる賞与）
③ 大会社のみに認められている利益に応じて支払う形態の「利益連動給与」

上記①は，「１年間，毎月の役員報酬を同額とすること」です。具体的には，設立後，３か月以内に今後１年間の役員報酬を決めます。なお，役員報酬の決議方法は会社法の規定に従うことになります。

次に役員報酬の対象となる「役員」の定義をみていきましょう。

会社法では役員について，取締役，会計参与および監査役と定義しています。また，会社法施行規則では取締役，会計参与，監査役，執行役，理事，監事その他これらに準ずる者を役員として定義しています。なお，「執行役員」という役職名を使用している会社もありますが，会社法・会社法施行規則では（執行役員は）役員に該当しません。

これに対し，法人税法上の役員については，会社法の役員より範囲が広く，会社法等で定められている役員に加えて，「みなし役員」という税法独自の定めによる役員が含まれます。みなし役員に該当した場合，役員報酬に関する法人税法上の規制の対象となります。

みなし役員は，法人税法上，次のいずれかにあたるものとされています。

① 法人の使用人（職制上使用人としての地位のみを有する者に限ります。）以外の者で，その法人の経営に従事している者
② 同族会社の使用人（職制上使用人としての地位のみを有する者に限ります。）のうち，一定の株式所有割合の要件を満たす者で，その会社の経営に従事している者

〈注〉同族会社とは，経営者一族が会社の出資持分の全部又はほとんどを所有している会社。

このように法人税法上は，実態を考慮して，役員に該当するかどうかを判断します。

⑵ 役員報酬の下限と上限の目安を決めておくこと

２つ目は，「経営者個人に支払う役員報酬」の下限と上限の目安を決めておくことです。

役員報酬を多額にすると，経営者個人の所得税・住民税等として多くの税金を支払うことになります。その一方で，役員報酬をほとんど支払わず，会社に利益としてお金を残せば，会社の法人税等として支払うことになります。したがって，双方の税額を考慮したうえで，経営者個人に支払う役員報酬を決めることになります。

では，役員報酬はいくらが妥当なのでしょうか？　５つの視点を念頭に多面的に検討してみましょう。

①　採算管理の視点

役員報酬は役員としての働きへの対価です。したがって，経営者の働きにより，会社に売上が立ち，利益が残り，役員報酬を支払うための原資があるのであれば，役員報酬としていくら支出してもよいという考えもあります。しかし，10年，20年と成長していく会社組織を作りたいのであれば，運転資金や設備投資資金が必要となります。その資金は，当面は会社で利益を残し貯蓄するか，経営者個人が役員報酬として得た資金を再度会社へ出資することになりますので，会社と経営者が一体となって資金を貯蓄していくことが効率的です。

前記のとおり，個人の所得税・住民税は基本的に所得に連動して累進的に増える仕組みになっていますが，会社にかかる税金（法人税・法人住民税等）は一定率です。したがって，会社と経営者を一体とみなす場合，法人の実効税率約35％と同水準までは役員報酬として経営者が受け取り，それ以上の利益は会社に残す方法が，一番手取りが多いことになります。

具体的なシミュレーションイメージは下図のとおりです。

Ⅲ　個人（社会保険料ある場合-健康保険のみ）　　単位：円

給与収入	課税所得	社会保険計	確定所得税	確定住民税	税・健保計	手取	会社負担社保	平均税率	限界税率
1,000,000	0	58,300	0	0	58,300	941,700	58,300	5.8%	5.83%
2,000,000	723,000	116,600	36,800	77,300	230,700	1,769,300	116,600	11.5%	15.83%
3,000,000	1,365,000	174,900	69,600	141,500	386,000	2,614,000	174,900	12.9%	14.83%
4,000,000	2,046,000	233,200	109,300	209,600	552,100	3,447,900	233,200	13.8%	20.83%
5,000,000	2,788,000	291,500	185,100	283,800	760,400	4,239,600	291,500	15.2%	20.83%
6,000,000	3,530,000	349,800	284,300	358,000	992,100	5,007,900	349,800	16.5%	28.83%
7,000,000	4,311,000	408,100	443,800	436,100	1,288,000	5,712,000	408,100	18.4%	31.83%
8,000,000	5,153,000	466,400	615,700	520,300	1,602,400	6,397,600	466,400	20.0%	31.83%
9,000,000	6,045,000	524,700	797,900	609,500	1,932,100	7,067,900	524,700	21.5%	34.33%
10,000,000	6,987,000	583,000	991,300	703,700	2,278,000	7,722,000	583,000	22.8%	35.83%
11,000,000	7,928,000	641,300	1,212,300	797,800	2,651,400	8,348,600	641,300	24.1%	37.83%
12,000,000	8,870,000	699,600	1,433,500	892,000	3,025,100	8,974,900	699,600	25.2%	37.33%
13,000,000	9,812,000	757,900	1,737,600	986,200	3,481,700	9,518,300	757,900	26.8%	45.33%
14,000,000	10,753,000	816,200	2,054,600	1,080,300	3,951,100	10,048,900	816,200	28.2%	47.33%
15,000,000	11,695,000	874,500	2,372,000	1,174,500	4,421,000	10,579,000	874,500	29.5%	47.83%
16,000,000	12,637,000	932,800	2,689,500	1,268,700	4,891,000	11,109,000	932,800	30.6%	46.83%
17,000,000	13,597,000	972,444	3,012,900	1,364,700	5,350,044	11,649,956	972,444	31.5%	44.00%
18,000,000	14,597,000	972,444	3,349,900	1,464,700	5,787,044	12,212,956	972,444	32.2%	43.50%
19,000,000	15,597,000	972,444	3,686,800	1,564,700	6,223,944	12,776,056	972,444	32.8%	43.50%
20,000,000	16,597,000	972,444	4,023,700	1,664,700	6,660,844	13,339,156	972,444	33.3%	43.50%
21,000,000	17,597,000	972,444	4,360,600	1,764,700	7,097,744	13,902,256	972,444	33.8%	44.00%
22,000,000	18,597,000	972,444	4,740,200	1,864,700	7,577,344	14,422,656	972,444	34.4%	51.00%
24,000,000	20,597,000	972,444	5,557,000	2,064,700	8,594,144	15,405,856	972,444	35.8%	51.00%

26,000,000	22,757,000	972,444	6,439,200	2,278,700	9,690,344	16,309,656	972,444	37.3%	51.00%
28,000,000	25,077,000	972,444	7,386,700	2,507,700	10,866,844	17,133,156	972,444	38.8%	50.50%
30,000,000	27,077,000	972,444	8,203,500	2,707,700	11,883,644	18,116,356	972,444	39.6%	50.50%
32,000,000	29,077,000	972,444	9,020,300	2,907,700	12,900,444	19,099,556	972,444	40.3%	50.50%
34,000,000	31,077,000	972,444	9,837,100	3,107,700	13,917,244	20,082,756	972,444	40.9%	50.50%
36,000,000	33,077,000	972,444	10,653,900	3,307,700	14,934,044	21,065,956	972,444	41.5%	50.50%
38,000,000	35,077,000	972,444	11,470,700	3,507,700	15,950,844	22,049,156	972,444	42.0%	50.50%
40,000,000	37,077,000	972,444	12,287,500	3,707,700	16,967,644	23,032,356	972,444	42.4%	50.50%
42,000,000	39,077,000	972,444	13,104,300	3,907,700	17,984,444	24,015,556	972,444	42.8%	50.50%
44,000,000	41,077,000	972,444	13,976,000	4,107,700	19,056,144	24,943,856	972,444	43.3%	56.00%
46,000,000	43,077,000	972,444	14,894,900	4,307,700	20,175,044	25,824,956	972,444	43.9%	56.00%
48,000,000	45,077,000	972,444	15,813,800	4,507,700	21,293,944	26,706,056	972,444	44.4%	56.00%
50,000,000	47,077,000	972,444	16,732,700	4,707,700	22,412,844	27,587,156	972,444	44.8%	56.00%
52,000,000	49,077,000	972,444	17,651,600	4,907,700	23,531,744	28,468,256	972,444	45.3%	56.00%

給与所得控除は給与収入が年間1000万円を超えると195万円の定額
健康保険は月額給与が1,355,000円を超えると81,037円定額(介護保険有)
厚生年金は省略している(手取額からも控除していない)。

(注)
所得税・住民税とも2021年分以降賞与なし。全額月額給与で支給。
所得控除は健康保険料控除+基礎控除のみ
健康保険は協会けんぽ(東京都)の料率にて算定
社会保険料の所得控除は当年分
社会保険料に厚生年金・労働保険・雇用保険含まず
平均・限界税率は健康保険料含む

会社と創業経営者は，親子のような関係です。会社創業当初は，会社（子）は経営者（親）の援助が必要です。その後，徐々に会社は経営者から独立した存在になっていきますが，独立したとはいえ，会社がピンチになったときに助けることができるのは，やはり経営者なのです。

そういう意味では，経営者は常に会社に再投入できる軍資金を用意しておくことが望ましいです。少なくとも外部株主がいない間は，会社と経営者が一体となって貯蓄していくことをお勧めします。

なお，役員報酬の下限は，経営者が生活に必要な資金を確保できる報酬額となります。その場合，会社の利益が赤字になるのであれば，そもそも，個人事業から会社への移行は時期尚早です。

②　取引先トラブルの視点

経営者の行動が，取引先から「公私混同」「私的流用」にみられないように配慮することは重要です。少なくとも取引先は，信用不安に陥るような事態を望んでいませんので，必要に応じて会社と経営者が一体となって貯蓄していることを説明し，理解を求めることをお勧めします。

③　労務トラブルの視点

会社経営全般につき，社員と完全に情報共有することは難しいですが，経営者の行動が，社員から「公私混同」「私的流用」にみられないように配慮することは重要です。少なくとも会社と経営者が一体となって貯蓄していくことは，会社がピンチになったときの助けになりますので，必要に応じて社員に説明し，理解を求めることをお勧めします。

④　内部者不正の視点

幹部社員が増えて，社員から取締役に登用することも想定し，早い段階から「創業経営者の役割＝会社がピンチになったときに助けることができるのはやはり（創業）経営者である」ことにつき，話す機会を持ち，理解を求めることをお勧めします。

⑤　経営者による粉飾の視点

「会社がピンチになったときに助けることができるのはやはり経営者である」という気持ちを常に持ち，「公私混同」「私的流用」とみられないように行動しましょう。

これらをふまえて，高橋さんは以下の選択をしました。

（高橋さんの選択）

✓当初の役員報酬を月額30万円とすることにした。

✓会社の利益が赤字とならない水準で，高橋さん自身が安定した生活を送れるという点を目安とした。

4. 経営管理機能の分業

＼ STORY ／

順調に滑り出した株式会社AGATE。

社長である高橋さんは，経営企画・新規営業・業績集計・出納業務・総務・人事・法務等，講義以外の業務を１人で担っており，休む時間が全くない。業務委託の講師は15名いるが，経営に関わる事務作業は分業していない。「講師」として委託している以上，彼らに社内業務を任せるのは難しい。今後のことを考えて，高橋さんの業務の一部を担える社員の雇用を検討しはじめた。

高橋さんは先輩経営者Ｅさんから次のような話を聞いています。

Ｅさんは，十数年ほど会社を経営しています。Ｅさんの会社は，社員数約30名，売上は10億円程度です。

営業と開発それぞれに取締役を配置していましたが，半年前に営業担当取締役の不正が発覚し，解任することになりました。そこで，Ｅさんが営業責任者を兼務し，「２度と不正が起きない会社」を目指し，改革をスタートしました。

経営管理面は，創業以来，Ｅさんが直接管轄していましたが，売上が増え，忙しくなるにつれ，細かなところまで目が行き届かなくなり，作業が増えるとアシスタントを増やして対応するという状況でした。現在は，女性アシスタント３名が売上請求書発行，支払請求書の整理，振込業務，給与計算，経費精算，伝票起票等を分担しています。

今回の営業取締役の不正を契機に，Ｅさんが確認したところ，取引先との契約書にもＥさんが承認した記憶のない条項が盛り込まれていたり，有給取得や経費精算でもミスや不備が頻発していたり，本来取得できる助成金を見逃していたり，ということが明らかになりました。また，２年前の税務調査で多額の追徴課税が発生していましたが，これも改めて確認したところ，会計事務所の単純な仕訳誤りが原因と判明しました。

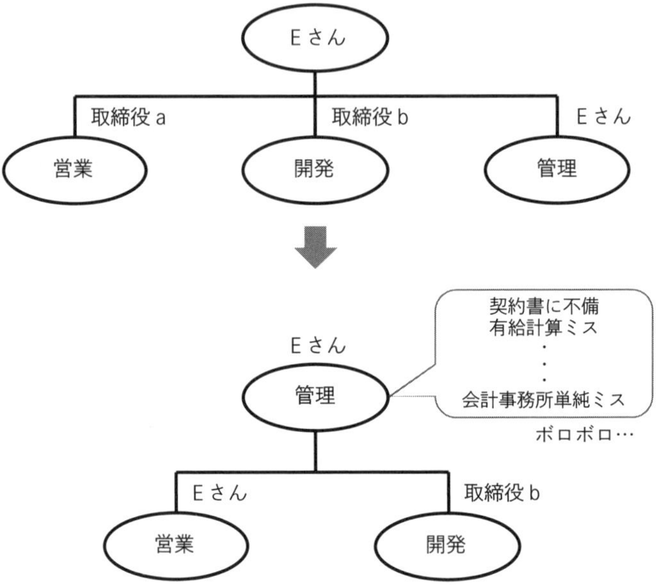

これらのことから，会社の成長とともに，経営者が１人で経営管理面を見切れなくなるときが来ることをあらかじめ想定し，経営管理機能をチームで分担することが大切です。その際，すべてを社内でカバーしようとせず，外部の専門家をうまく活用することも一案です。

前記のとおり，経営に関わる機能は，主に思考しデザインする「経営企画」と実行しマネジメントする「経営管理」に分けられます。さらに「経営管理」に関わる機能は通常，財務・経理・総務・人事・法務に分けられます。組織図イメージに展開すると，下図のようになります。

〈組織図イメージ〉

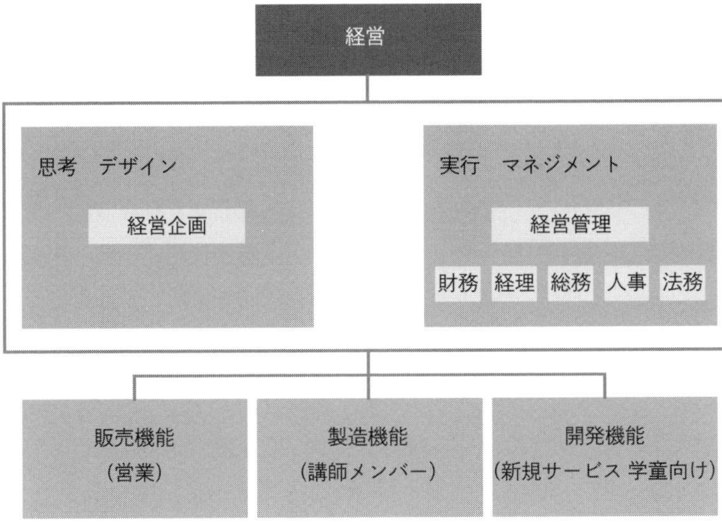

経営管理機能の分業については正解はありませんが，いくつか押さえておきたいポイントはあります。

ここでは２つのポイントを取り上げます。

(1)　アサインするメンバーを予算化しておく

１つ目は，組織図イメージを基に，いつ，どのようなスキルのメンバーをアサインするかを想定し，予算化しておくことです。

これにより，想定するメンバーが現れた場合に，すぐに行動に移せます。経営の諸機能はどれも重要であり，それを担うメンバーを揃えるのは容易ではありません。株式上場直前の会社でも，経営管理機能の分業に苦労しているところは多いです。

(2)　外部のプロの活用を検討する

２つ目は，すべてを社員で賄おうとせず，「変動費となる業務委託」と「固定費となる社員雇用」のメリット・デメリットを理解したうえで，外部のプロの活用を検討することです。

もし，当該機能を担う能力が不足している社員に任せた場合，その業務に支障をきたすだけではなく，当該担当者がその業務に精通していないことを他者が悪用し，不正を働く可能性が出てきます。したがって，役割を定義し，それを誰が担当するかを決めることが重要で，その際には「役割と担当が１対１であること」にこだわらず，できるメンバーには兼任してもらうことも検討しましょう。ただし，兼任の場合は，経営者が不正予防の統制に目配りすることと，定期的なローテーションを組み合わせることも併せて検討してください。

１つの例として，成長ステージごとの「経営管理に関わる財務・経理・総務・人事・法務機能」の分業イメージを記載してみると，次の図のとおりです。

Ⅲ 経営管理機能分化イメージ

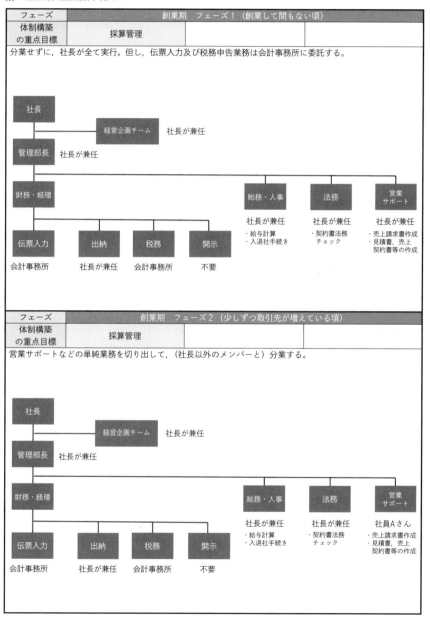

フェーズ	創業期　フェーズ1（創業して間もない頃）		
体制構築の重点目標	採算管理		

分業せずに，社長が全て実行。但し，伝票入力及び税務申告業務は会計事務所に委託する。

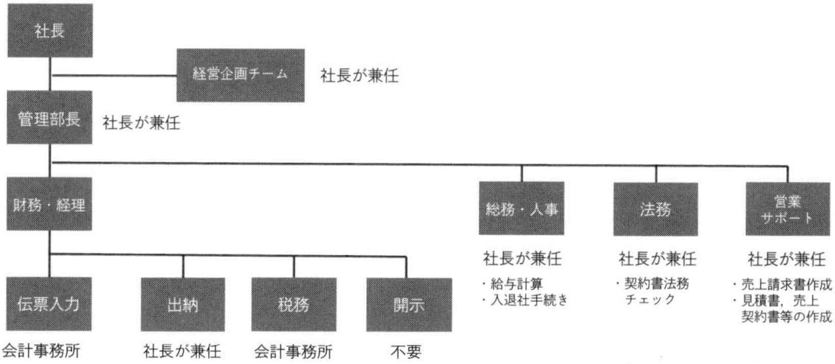

フェーズ	創業期　フェーズ2（少しずつ取引先が増えている頃）		
体制構築の重点目標	採算管理		

営業サポートなどの単純業務を切り出して，（社長以外のメンバーと）分業する。

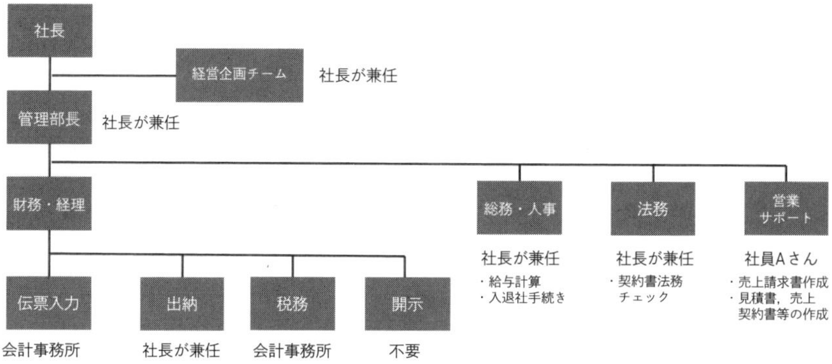

フェーズ	創業期　フェーズ３（個人事業から法人へ）		
体制構築の重点目標	採算管理		

財務・経理業務のうち，出納業務を切り出して，（社長以外のメンバーと）分業する。

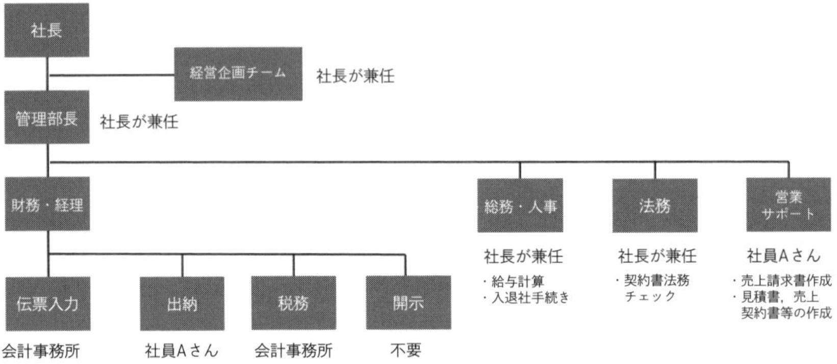

フェーズ	創業期　フェーズ４（設備投資・新規店舗展開など）		
体制構築の重点目標	採算管理	人事トラブル	

人事労務業務及び法務業務を切り出して，外部専門家に委託する。

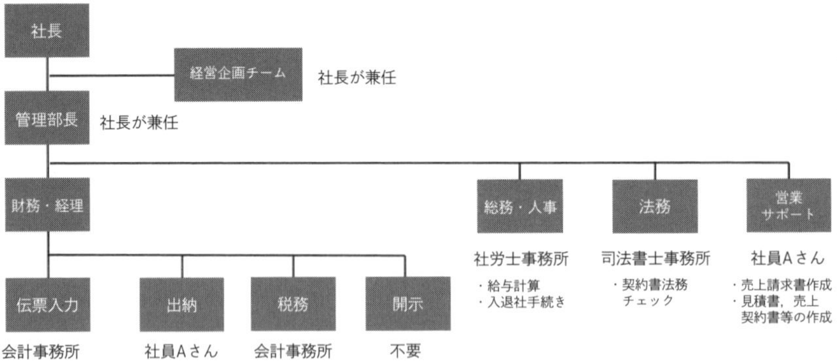

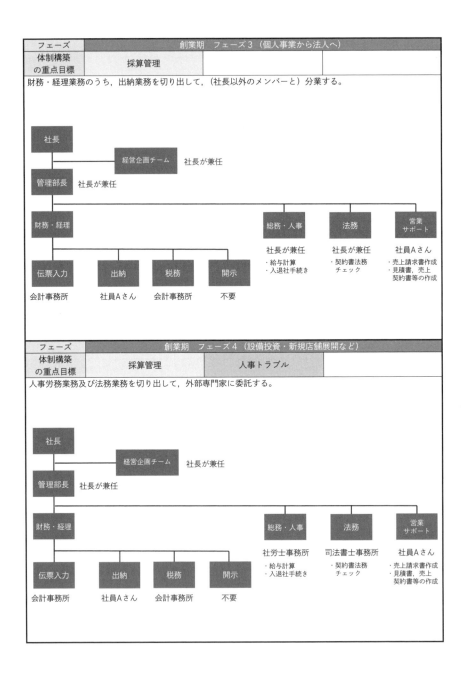

フェーズ	安定期　フェーズ１（新規事業展開・部門階層化など）		
体制構築の重点目標	採算管理	取引先トラブル	

会計事務所に委託した業務の一部を内製化する。

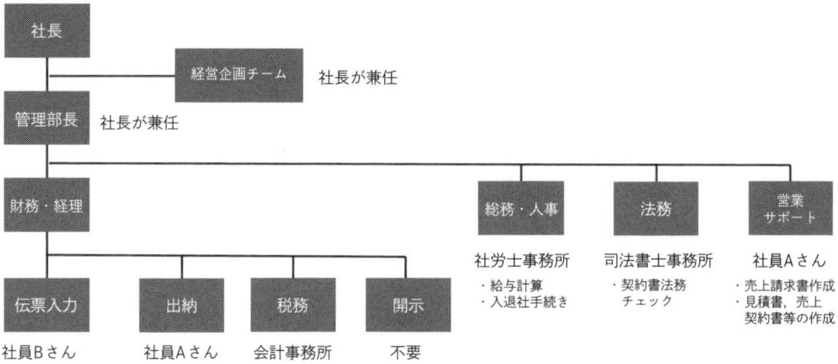

フェーズ	安定期　フェーズ２（分社化・海外展開など）		
体制構築の重点目標	採算管理	幹部不正	

人事労務業務及び法務業務のうち，外部に委託したものを一部内製化する。

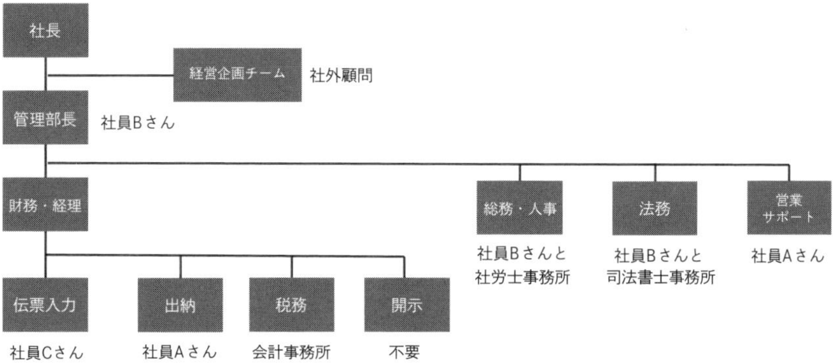

(注)子会社分も，上記担当者が実施する想定である。

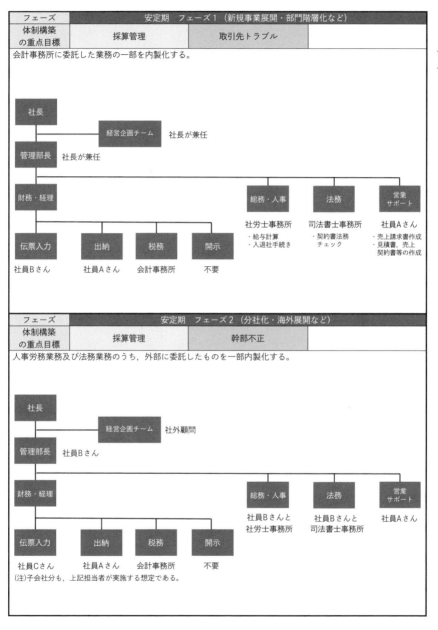

フェーズ	安定期　フェーズ3（法人格があがる，株式上場）		
体制構築の重点目標	採算管理	人事・取引先・不正	決算開示

上場に際して経営企画チーム（内部監査を含む）と開示担当に人員を配置し，総務・人事や法務も増員する。

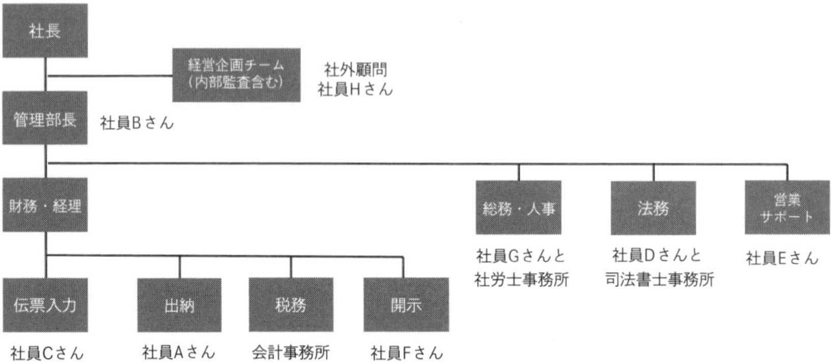

(注)子会社分も，上記担当者が実施する想定である。

フェーズ	変革期（事業拡大・新しいステージへ）		
体制構築の重点目標	採算管理	人事・取引先・不正	決算開示

事業拡大に合わせて，各機能を適宜増強する。

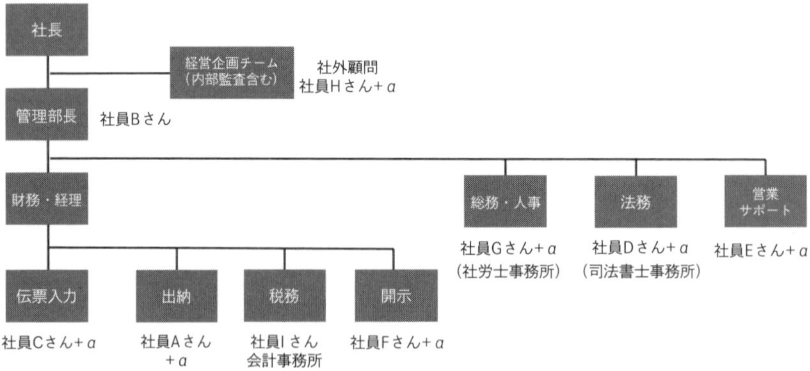

(注)　子会社分も，上記担当者が実施する想定である。

高橋さんからは，次のような質問がありました。

Q 経営者が担当している業務を，社員や外部に移管する場合の留意点はありますか？

A 該当する業務につき，事務作業部分と承認・判断業務に区分し，まずは事務作業部分から切り離しましょう。その際に，簡単な手順書を作成してもらい，理解度を確認するとトラブルを未然に防ぐことにつながります。
また，経営管理に関わる業務は不正の温床になりやすいので，当面，承認・判断業務は経営者の業務として残すようにしましょう。

Q 事務処理は，社員に任せるのではなくアウトソースしたほうがよいでしょうか？

A 社員に任せる場合とアウトソースする場合で，それぞれメリット・デメリットがありますので，自社の状況を考慮して，使い分けることをお勧めします。
なお，前記のとおり，そもそも担当する社員が当該業務に精通していない場合は，業務に支障をきたすだけではなく，その社員が業務に精通していないことを悪用して不正を働く社員も出てくる可能性がありますので，不正予防の観点からも，どの社員に何の業務を任せるかは慎重に決定しましょう。
適任者が社内にいないと判断した場合は，無理に採用せずに，業務に精通した外部専門家への一時的なアウトソースを検討しましょう。当該業務に精通していても，その会社の風土に馴染めない人はトラブルのもととなります。
経営者は，「癖の少ない，普通の会社だ」と捉えていても，外からみると特徴や癖は必ずあるものです。会社の風土に馴染めるかどうかも考慮し，採用は慎重に行いましょう。

	社員に任せる場合	アウトソースする場合
メリット	• 会社の実情を理解して，口頭の指示でも「それなりに」対応してくれる可能性が高い。 • 他の業務の合間に，事務処理を行うことで，手待ち時間を有効活用できる。	• 法人対法人の契約で，退職リスクがない。 • アウトソース先に支払う報酬にかかる消費税が控除可能。 • 業務手順が明確になりやすい。
デメリット	• 退職リスクがあり，それを回避するためにモチベーション管理等にも気を配ることが求められる。 • 業務が属人化して，特定のメンバーに集中してしまう可能性がある。 • 毎年同じ業務を同じ時間で実施していたとしても給与を毎年増額するケースが多い。 • 社会保険等の負担が大きい。 • 社員への給与手当は消費税控除の対象とならない。	• 定型業務以外は割高となる可能性が高い。

Q 経営管理機能の分業において，他に留意しておくべきことはありますか？

A 粉飾予防の観点から，社外取締役の活用は念頭に置いておきましょう。社長とは異なる立場で，会社をみる「一般常識の目」を持つ存在は貴重です。

これらをふまえて，高橋さんは以下の選択をしました。

（高橋さんの選択）

✓公募ではなく，信頼できる知人の紹介等で２名を採用する。

✓知人から，１人で教室展開している個人事業主の南香織さんの紹介を受け，社員としてジョインしてもらうこととした。IT企業でマーケティング戦略部門にいた南さんは，育児との両立の難しさから会社を退職したところだった。残業がなく，週に２日在宅での勤務も可能とする条件で事業部門責任者として採用した。

✓講師の中の人材で社内業務を担えると見込み，山田徹さんを社員として登用することを決定。本人も喜んで了承してくれた。山田さんは，社長秘書として，営業事務と出納，さらに司法書士事務所・社会保険労務士（以下「社労士」）事務所・税理士事務所との窓口を担当してもらうこととした。

✓法務は河本司法書士事務所，人事は平木社労士事務所，税務と記帳は天田税理士事務所に委託した。

5. 売上計上基準を見直す

＼STORY／

高橋さん１人で担ってきた株式会社AGATEに，山田さんと南さんが社員として加わった。そこに14名の業務委託講師と司法書士や社労士や税理士等の外部の専門家が加わり，ともに体制を整えた。
引継ぎにパワーを取られたものの，山田さんも南さんも吸収が早く，すぐに自立的に業務を進められるようになった。高橋さんは，大きな負荷となっていた社内業務から解放され，経営の舵取りに意識を向けることができるようになった。
あるとき，天田税理士事務所から「会社を設立したので，これからは売上計上ルールも再考したほうがよいでしょう」とアドバイスを受けた。今までは，月会費の入金を確認した時点で売上を計上していたが，本来はもっと早いタイミングで計上し，そのルールを毎期継続して守らなければいけないとされた。

高橋さんは先輩経営者Ｆさんから次のような話を聞いています。

Ｆさんは，セキュリティソフトのライセンス販売と保守を請け負う会社を経営し，売上が５億円を超えた頃に株式上場を決意し，監査法人に短期調査を依頼しました。

調査の結果，監査法人から売上計上基準の見直しを指摘されました。

売上は，創業以来，お客様に請求書を発行するときに計上していましたが，保守契約に関しては，契約期間に応じて売上を按分する必要があるということでした。保守契約の期間は，お客様ごとに異なりますが，概ね５～７年くらいでした。

当時，Ｆさんの会社では，契約書類の保管状況が悪く，３年前くらいの契約書類であれば何とか探せますが，それ以前のものは探すのが困難な状況でした。

また，経理業務は，請求時に売上計上していたため，会計ソフトで債権管理を行っていましたが，契約期間（５～７年）に応じて売上を按分することになると，データ件数も膨大となることから，業務管理ソフトの導入も検討しなければなりません。

さらに，前期まで売上計上したものを取り消すと，決算数値も大きく変動してしまいます。

税務上の取扱いも，顧問税理士と協議が必要です。

これらのことを勘案し，Ｆさんは，株式上場の方針を撤回し，まずは売上計上を適切に行える体制を整えることにしました。

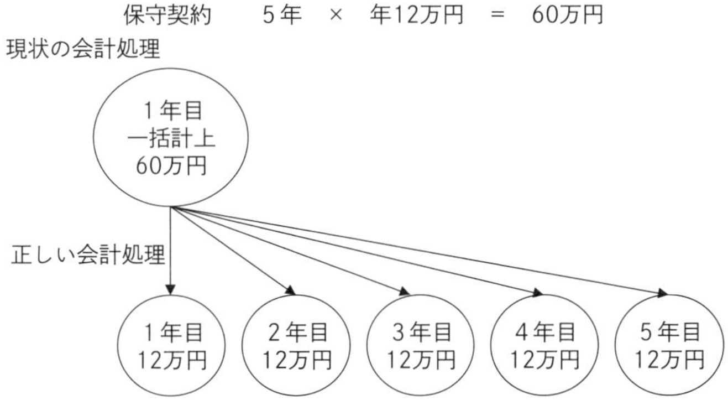

Ｆさんの事例のほかにも，M&Aで会社を売却するときや，ベンチャーキャピタルから投資を受けるタイミングで，売上計上基準の見直しを求められ，企業価値が大きく目減りし，足元をすくわれるケースが多いです。

そもそも，普段のビジネスの中で，あたり前のように「売上」という言葉が使われていますが，その基準について，原理原則を理解しておくことは経営者にとって有意義です。

日本の売上計上基準は「実現主義の原則」に従うとされているものの，すべての売上取引を網羅した会計基準はこれまで開発されていませんでしたが，2018年３月に「収益認識に関する会計基準」が公表されました。これは国際的な会計基準とも整合性を取ったものです。

この基準もふまえ，会社設立を機に，自社の売上計上ルールを再考してみましょう。なお，収益認識は売上計上とほぼ同義と考えてください。

「収益認識に関する会計基準」によると，収益認識は，次の５つのステップで検討します。ちょっと言葉が難しいですが，そのまま記載します。

収益認識（売上計上）の５ステップ	
Step 1： 顧客との契約の識別	• 収益認識の基礎は，顧客との契約である • 収益認識の対象となる契約を識別する
Step 2： 契約における履行義務の識別	• 契約に含まれる履行義務（何をもってサービス完了か？）を識別する • 財又はサービス（販売するもの又はサービス）が区別できる場合，別個の履行義務として，別々に会計処理する
Step 3： 取引価格の算定	• 契約ごとに取引価格を決定する • 取引価格とは，約束した財又はサービスと交換に企業が権利を与えられたと見込まれる対価の金額である
Step 4： 取引価格の履行義務への配分	• 取引価格を，別個の履行義務に配分する • 取引価格は，財又はサービスの独立販売価格（個別に販売したときの価格）に基づいて配分する
Step 5： 履行義務充足時の収益の認識	• 顧客に財又はサービスに対する支配が移転した時に，履行義務が充足される • 履行義務が時間の経過とともに充足される場合，履行義務の進捗に応じて収益認識する

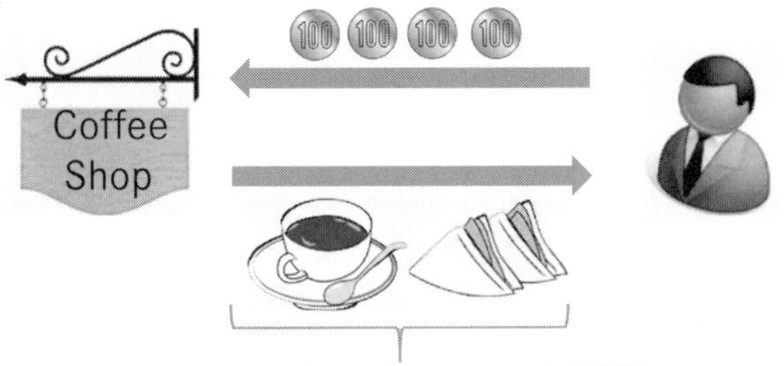

具体例を２つみてみましょう。

１つは喫茶店で，コーヒーとサンドウィッチのセットを400円で提供する場合です。

この場合，Step 1 は顧客が店に注文を伝えることにより，黙示の契約が成立します。

次に，Step 2 の履行義務は「コーヒーの提供」と「サンドウィッチの提供」の２つが識別されます。Step 3 の取引価格は「400円」です。Step 4 の取引価格の履行義務への配分はコーヒーの独立販売価格（個別に販売したときの価格）が200円で，サンドウィッチの独立販売価格が300円と仮定すると，

① コーヒーへの配分　　　　：400×200/（200＋300）＝160円

② サンドウィッチへの配分：400×300/（200＋300）＝240円

になります。

Step 5 の収益認識時点は「①コーヒーの提供時点で160円」となり，「②サンドウィッチの提供時点で240円」です。

セット販売の場合は少し複雑になりますが，個々の履行義務（事例ではコーヒーまたはサンドウィッチ）ごとにみると，契約に基づきサービスを履行し，お客様もサービス完了を了解していて，お金を払う用意があるときに売上（収益）を計上します。

具体例１：コーヒーとサンドウィッチのセット販売

Step	具体例	ポイント
Step 1： 顧客との契約の識別	• コーヒーセット（コーヒー&サンドウィッチ）を400円で販売。 • 顧客が店に注文を伝えることにより，黙示の契約が成立。	契約は，文書の場合もあれば（明示的），口頭の場合や事業慣行により含意される場合（黙示的）もある。
Step 2： 契約における履行義務の識別	• 以下の２つの履行義務が識別される。 履行義務①：コーヒーの提供 履行義務②：サンドウィッチの提供	契約が１つだからといって，履行義務が１つとは限らない。
Step 3： 取引価格の算定	• コーヒーセットを400円で販売。	変動対価，貨幣の時間価値，現金以外の対価の要素はないか。
Step 4： 取引価格の履行義務への配分	• コーヒーセットの販売価格400円を，それぞれの独立販売価格の比で履行義務に配分する。 コーヒーの独立販売価格：200円 サンドウィッチの独立販売価格：300円 ①コーヒーへの配分： 400×200/（200＋300）＝160円 ②サンドウィッチへの配分： 400 × 300/（200 + 300）＝240円	別個の履行義務の独立販売価格の比率に基づいて取引価格を配分する。独立販売価格が無い場合は，見積りによる方法（ex. マーケットアプローチ/コストマージンアプローチ/残余アプローチ）を用いる。
Step 5： 履行義務充足時の収益の認識	• 以下の収益が認識される。 ①コーヒーの提供時点で160円 ②サンドウィッチの提供時点で240円	履行義務は，（１）一定の期間にわたり充足される，又は（２）一時点で充足される。

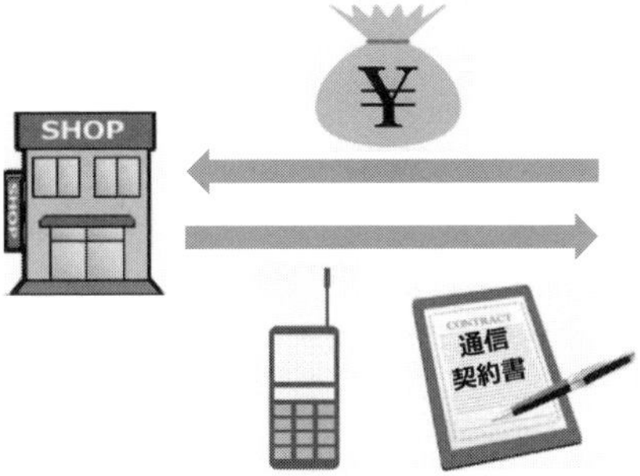

2年間の解約不能の通信契約をすれば，
携帯電話端末代金がゼロ

もう１つの事例は携帯電話の販売です。２年間の解約不能の通信契約をすれば，携帯電話端末代金がゼロになる場合です。

この場合，Step 1 の契約は「２年間の解約不能の通信契約をすれば，端末代金がゼロとなる明示的な契約」になります。

次に，Step 2 の履行義務は「①携帯電話端末の引渡し」と「②通信サービスの提供」の２つが識別されます。Step 3 の取引価格は「顧客との通信契約により定められた利用代金」です。Step 4 の取引価格の履行義務への配分は携帯電話端末の独立販売価格と通信契約の独立販売価格の比で配分することになります。

Step 5 の収益認識時点は，①携帯電話端末の引渡し時点で，それにかかる収益を認識し，契約期間２年間にわたって毎月，通信サービス分の収益を認識します。

具体例２：携帯電話の通信契約

Step	具体例	ポイント
Step 1： 顧客との契約の識別	• 携帯電話＆通信契約の販売。すなわち，２年間の解約不能の通信契約をすれば，端末代金がゼロとなる明示的な契約。	本例では「契約」は，契約書等により明示的に契約が成立。
Step 2： 契約における履行義務の識別	• 以下の２つの履行義務が識別される。 履行義務①：携帯電話端末の引渡し 履行義務②：通信サービスの提供	Step 4，Step 5 を行うために履行義務を整理，識別。
Step 3： 取引価格の算定	• 顧客との通信契約により利用代金が定められる。	変動対価，貨幣の時間価値，現金以外の対価の要素はないか。
Step 4： 取引価格の履行義務への配分	• 顧客との通信契約により定められた利用代金を，端末の独立販売価格，通信契約の独立販売価格の比で配分する。 • 当該携帯電話端末が，通常ゼロ円で販売されているような状況でない限り，ゼロ円が適切な価格とはいえない。	別個の履行義務の独立販売価格の比率に基づいて取引価格を配分する。独立販売価格がない場合は，見積りによる方法（ex. マーケットアプローチ/コストマージンアプローチ/残余アプローチ）を用いる。
Step 5： 履行義務充足時の収益の認識	• 以下の収益が認識される。 ①携帯電話端末の引渡し時点で，それにかかる収益を認識。（割賦販売） ②契約期間２年間に渡り，通信サービス分の収益を認識。	履行義務は， ①については，携帯電話端末を引き渡した時点で充足される。 ②については，契約期間にわたって充足される。

売上計上基準の原理原則を理解したところで，次に自社の売上計上ルールを再考するにあたってのポイントをみていきましょう。

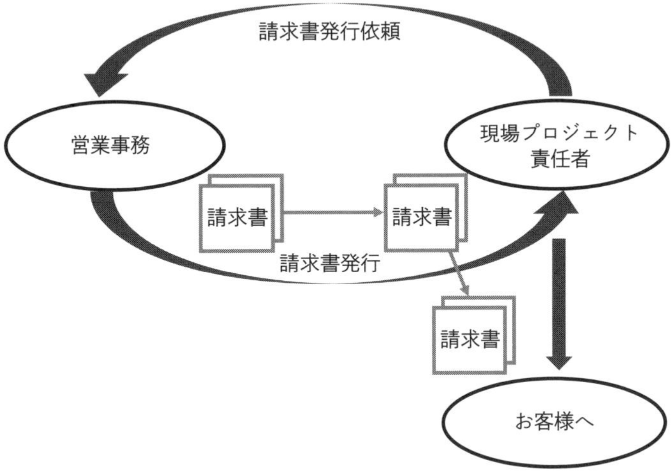

問題点
1　工事が終わっていないのに請求書発行
2　請求書は現場プロジェクト責任者の机の中

ここで，もう１つGさんの事例をご紹介します。

Gさんは，オフィスや店舗の内装工事を請け負う会社を経営しています。Gさんの会社は，創業から10年で，売上50億円，社員数50名まで成長しています。

売上は，お客様に請求書を発行するときに計上していましたが，規模が拡大し，売上高を外部に公表したり，内部の評価指標として活用したりするようになってから，「とりあえず，請求書を出して」ということが横行するようになりました。

請求書の発行により，お客様からの入金があるのですが，中には工事自体が完了しておらず，追加作業が延々と続いているようなケースが散見されました。さらに，請求書は発行したものの，担当者がお客様に請求書を渡していないケースも発覚し，Gさんは売上計上基準の見直しに着手しました。

売上を評価指標にしたり，外部に公表したりすること自体は悪いことではありませんが，その影響として，売上の根拠を明確にしておかないと不正や粉飾の温床になりやすいことを理解しておきましょう。また，採算管理面から，売上はサービス完了時点で計上することを念頭に，自社の場合は何をもってサービス完了かを意識しておくことも大切です。

Ｇさんの事例もふまえ，２つのポイントを取り上げます。

(1) 売上計上にまつわる粉飾や不正の事案の多さを認識する

１つ目は，売上計上にまつわる粉飾や不正の事案の多さを認識することです。売上は，未上場会社でも社外に公表したり，社内でも評価指標としたりする等，対外的にも対内的にも重要な指標です。売上計上基準が曖昧だと，ごまかしたり，隠蔽したりする誘因になります。粉飾や不正の温床にならないように，明確で，証拠書類が確認しやすいルールにしましょう。

(2) 何をもってサービス完了かを考えて売上計上ルールを決定する

２つ目は，何をもってサービス完了かを考えて売上計上ルールを決定することです。会計基準との整合性を図ったうえで，お客様から品質・納期の面で満足を得られたタイミングで売上を計上するという視点が重要です。つまり，形式面と実質面のバランスが大切なのです。

先ほどのＧさんの事例では，「お客様と約束したとおりの工事が完了し，お客様も納得したとき」に売上を計上します。もちろん，お客様が途中で仕様変更を希望された場合は，仕様変更に関して「無償で対応するか，有償で対応するか」「納期をいつに設定するか」等を協議し，改めて（仕様変更に関する）契約を締結し，その契約に基づく工事が完了したときに売上を計上することになります。

Ｇさんの事例のように，自主的に売上計上基準を変更するケースだけではなく，冒頭のＦさんの事例のように他社との資本提携や上場準備のタイミングで，出資先企業や監査法人から売上計上基準の変更を要請され，過去の売上高を大幅に修正する会社もあります。

売上計上基準を変更することは大変です。理論的，かつ，他社との共通の物差しとなるルールを早めに整備し，運用していくことをお勧めします。

売上計上について，高橋さんからは次のような質問がありました。

Q 売上計上ルールは，どんなときに変更できますか？

A 売上計上ルールは，いったん採用すると，継続して使用することが求められます。変更は，取引事情や販売方法，契約条件が変わった場合等，正当な理由がない限り認められません。

これは「継続性の原則」と呼ばれ，売上計上ルールに限らず，企業会計の大原則です。

ちなみに，会社法において「株式会社の会計は，一般に公正妥当と認められる企業会計の慣行に従うもの」と定められており，一般に公正妥当と認められる企業会計の慣行の１つとして「企業会計原則」が存在します。

企業会計原則は，一般原則，損益計算書原則，貸借対照表原則から構成され，このうち，一般原則には次の７つの原則が明記されています。

番号	原則	内容
1	真実性の原則	企業会計は，企業の財政状態及び経営成績に関して，真実な報告を提供するものでなければならない。
2	正規の簿記の原則	企業会計は，すべての取引につき，正規の簿記の原則に従って，正確な会計帳簿を作成しなければならない。
3	資本取引・損益取引区別の原則	資本取引と損益取引とを明瞭に区別し，特に資本剰余金と利益剰余金とを混同してはならない。
4	明瞭性の原則	企業会計は，財務諸表によって，利害関係者に対し必要な会計事実を明瞭に表示し，企業の状況に関する判断を誤らせないようにしなければならない。
5	継続性の原則	企業会計は，その処理の原則及び手続を毎期継続して適用し，みだりにこれを変更してはならない。
6	保守主義の原則	企業の財政に不利な影響を及ぼす可能性がある場合には，これに備えて適当に健全な会計処理をしなければならない。

7	単一性の原則	株主総会提出のため，信用目的のため，租税目的のため等種々の目的のために異なる形式の財務諸表を作成する必要がある場合，それらの内容は，信頼しうる会計記録に基づいて作成されたものであって，政策の考慮のために事実の真実な表示をゆがめてはならない。

Q　売上計上の証拠は残す必要があるのでしょうか

A　証拠は残す必要があります。一般的には，契約書（注文書），納品書，受領書，検収書，請求書等を取引の一連の証憑として，作成または入手，管理保管することになります。

なお，税務上，これらの証拠書類は原則として７年間保存が求められています（繰越欠損金がある場合は９年あるいは10年となる可能性があります）。

> 法人は，帳簿を備え付けてその取引を記録するとともに，その帳簿と取引等に関して作成又は受領した書類（以下「書類」といい，帳簿と併せて「帳簿書類」といいます。）を，その事業年度の確定申告書の提出期限の翌日から７年間保存しなければなりません。<国税庁ホームページより抜粋>

これらをふまえて，高橋さんは以下の選択をしました。

（高橋さんの選択）

✓これまでは，月会費の入金を確認した時点で売上を計上していたが，サービスを提供する月に売上を計上するように修正した。

※次月分以降の月会費は前受金とし，当月になってから売上として計上。

✓売上計上の証拠書類として，預金通帳等の入金を確認する書類に加え「入会届」「休会届」「退会届」等を揃えることとした。

Chapter 2

▶Turning black

黒字化に向けて

1. 設備投資（第３教室の展開）を計画する

＼STORY／

高橋さんが，会社を設立し半年が経過した。
プログラミング教室事業は少しずつ生徒数を増やし，順調に成長している。しかし，３教室目の開校，さらに新規事業を展開しなければ，売上が少なく，成長スピードも上がらないという問題がみえてきた。事業基盤が安定しない状況が長引くのは得策ではない。土台を固めるためにも，次なる一手が求められた。
そこで，埼玉の自宅と千葉の実家，そこに加えて，３教室目の展開についての検討をスタートした。
３教室目は講師の希望や集客を考慮し，都内への展開を考えている。

３教室目のオープンをいつ頃とするか，どのくらいの投資を行うかといったことに関して正解はありませんが，仮説を立てて検証するというプロセスを踏むことにより，さらに次の教室展開（出店戦略）に活かすノウハウが着実に蓄積されます。

高橋さんは仮説を立てるにあたり参考情報として，先輩経営者Ｆさんから次のような話を聞いています。

Ｈさんは，3,000億円を超える売上の総合物流グループの経営者ですが，その一事業として，自社で土地の仕込みから建設まで行い，お客様にあった物流施設を作るという事業も手掛けています。

しかし，物流施設を作るには多額の投資が必要となるため，各地に物流施設を作ってお客様を取り込もうとしたら，資金がいくらあっても足りなくなります。「そんなスキームでは仕事にならない」とHさんは考え，そのデメリットを回避するために，途中で物流施設を流動化（債権化し投資家に売却）することにしました。流動化したタイミングで資金が回収できるため，一定規模の投資金額があれば，新たな投資を繰り返して行うことができます。現在，このビジネスは，同グループの収益の柱の1つとなっています。

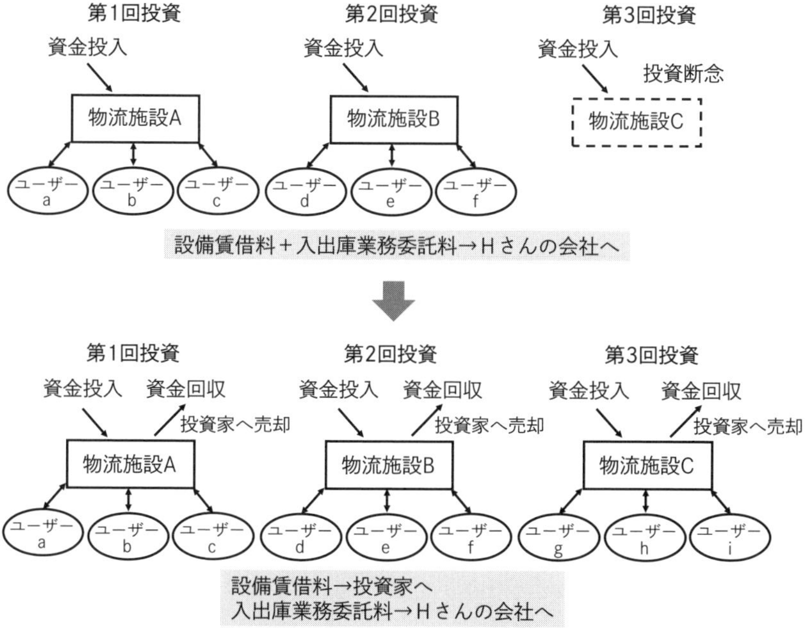

このことから，Hさんは高橋さんに，設備投資を行うことで事業は拡大するものの，その資金を回収しないと次の設備投資ができないため，設備投資の回収方法と回収期間の設定が重要になること，さらに，回収計算のもとになる利益は，法人税等を差し引いた税引後利益となることにも留意するように伝えています。

Hさんの事業の場合，不動産売却益には法人税等が約35％程度かかるため，それを差し引いた金額が手取りの回収資金となります。

また，高橋さんは，個人で運送業を営んでいるＩさんから，次のような話を聞きました。

Ｉさんは当初，トラック１台をレンタルして業務に取り組んでいましたが，資金も貯まってきたので，最近２年落ちの中古トラックを購入しました。

購入に際しては「新車とするか，中古車とするか」「(自己資金はトラックの購入に使わず）ファイナンスリースを利用するか」を検討しました。

中古車は新車に比べ購入価格が安く，業務効率への影響も，２年落ちくらいの中古車であれば新車と変わらないとＩさんは感じていました。また，ファイナンスリースは初期投資がかからないのが魅力ですが，途中解約不能で金利もかかることが懸念点です。

さらに知人の税理士に相談したところ，税務上は新車の耐用年数が「５年」に対し，２年経過している中古車は「３年」になり，同じ購入価格であれば毎年の税金は中古車のほうが少なくなるので，有利であるとアドバイスを受けました。

これらを考慮して，最終的にＩさんは中古トラックを自己資金で購入しています。

高橋さんはＩさんの話を聞いて，設備投資にあたり「新品だけではなく，中古資産という選択肢があること」や「自己資金や銀行借入のほか，ファイナンスリースという選択肢もあること」「購入した設備の税務上の取扱い（固定資産となるか，耐用年数はどうなるかなど）に留意しなければいけないこと」などを再認識しました。

ＨさんとＩさんの事例を参考に，ここでは，２つのポイントを取り上げます。

(1) 設備投資資金の回収期間の設定

１つ目は，設備投資資金の回収期間の設定です。

一昔前であれば設備投資にかかる支出を３～５年以内に回収できればよいという考え方が一般的でした。しかし，最近は市場動向が急激に変化する傾向もみられるため，設備投資資金の回収期間が長くなることによるリスクを慎重に検討することが重要です。高橋さんの場合を想定すると，２年以内の回収を目処にしておくことをお勧めします。

設備投資資金の回収に２年以上の期間を要すると判断される場合には，設備投資計画を再度練り直しましょう。

(2) 投資回収の原資となる利益

２つ目は，投資回収の原資となる利益についてです。

投資回収の原資となる利益は，法人税等を納付する前の税引前利益ではなく，法人税等を納付した後の税引後利益で計算する必要があります。前章で記載したとおり，法人の利益に対して，約35%の法人税等が課税されますので，この税金納付を考慮して，投資回収を考えておかないと資金回収が思いのほか進まないということが起きてしまいます。

なお，Ｉさんの事例にもでてきたとおり，今回計画している設備投資支出に関する税務上の取扱いも考慮して，２～３年の税引後利益を算定します。設備投資支出の中には，固定資産に計上し，その耐用年数に応じて減価償却される

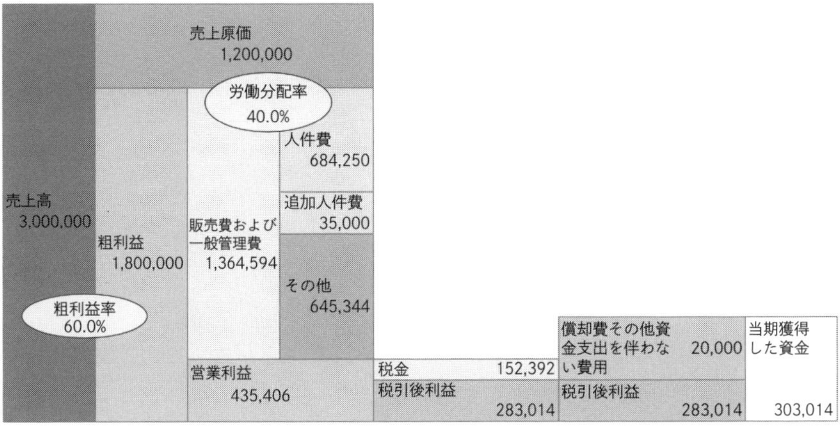

※西順一郎氏の「戦略会計 STRAC II」のSTRAC表をベースに，和仁達也氏が考案した図（お金のブロックパズル）。

※売上から営業利益までの収支構造をイメージ化している。

※簡便化のため，営業外損益や特別損益は考慮していない。

ものや，敷金や保証金のように減価償却できないものもありますので，留意してください。

お金の流れを再度確認しましょう。

１年間の売上高は，個々のプロジェクトの売上高の集積であり，同じく売上原価も，個々のプロジェクトの集積です。売上高から売上原価を差し引くことにより，全体の粗利となります。

そこから，販売費及び一般管理費の人件費やその他経費が差引かれて，営業利益となります。

さらに，税金が差し引かれて，税引後利益となり，これに資金支出を伴わない費用（減価償却費等）を加えたものが，当期獲得した資金となります。

そして，この当期獲得した資金が，設備投資や借入金返済・運転資金として使用できる資金です。

さらに，高橋さんからは，次のような質問がありました。

Q　設備投資計画は，具体的にどのように作成すればよいのでしょうか？

A　サンプルイメージとしては，下図のようなものになります。

投資回収シミュレーション

1. 事業概況

事業名	新浦安教室移転プロジェクト
事業内容	新浦安教室を移転し，拡張する。

事業概況	提供サービス	個人向け	①教室での○○レッスンサービス等の提供	独自カリキュラムによるレッスンサービス等の提供
			②教材の販売	「○○ワーク」などの提供
			③発表会への参加	詳細は別紙の通り
			④おうち学童サービスの提供	詳細は別紙の通り
		学校・保育園等の教	①講師出張サービスの提供	詳細は別紙の通り
			②教材の販売	「○○ワーク」などの提供
			③教育支援事業	独自カリキュラムの提供
		PCメーカー向け	①販売代理店サービスの提供	PC等の販売支援
			②教室での広告出稿・チラシ配布サービス	詳細は別紙の通り
			③教育支援事業	詳細は別紙の通り
	マネタイズ		教室でのレッスンサービスの提供	収益総額＝会員数×月額報酬（8千円/人）
		教育機関向け	教室開設3年目からの収益化を目標	未定
		PCメーカー向け	教室開設3年目からの収益化を目標	未定
	市場・競合分析	市場分析	浦安エリアの人口動向と1世帯当たり所得を調査。	別紙の通り
		競合分析（類似）	近隣の教室を調査。	別紙の通り
	その他	既存教室の取り扱いについて	現行の新浦安教室は2019年12月まで利用可能。	現行の新浦安教室の原状回復費用その他はオーナーとの協議となる。 現行の会員は2019年12月までは既存教室でのレッスンとし，2020年1月から新教室に変更を要請する。
		2段階投資	初期は2スタジオでスタートし，会員数の増加に合わせ，追加で2スタジオを作る。	スタジオイメージは別紙の通り

7. 投資回収シミュレーション結果

IRR（at 15年）	35.9%
投資回収期間	4年目

【事業図】

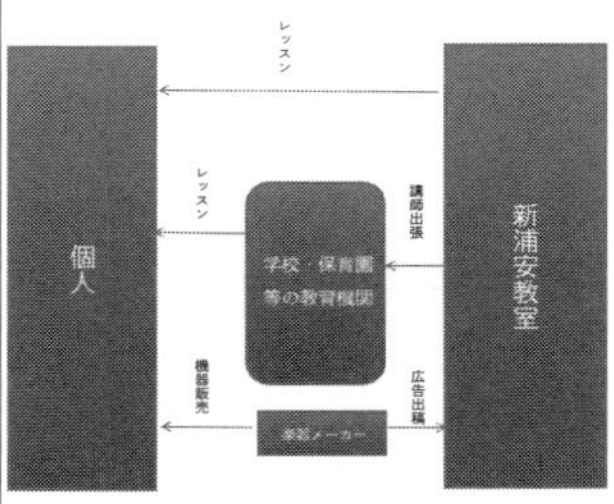

2．定量的情報（事業計画）

：入力セル　　（税別）（単位：千円）

①-1事業計画（1年目）		月	4月	5月	6月	7月	8月	9月	10月	11月	12月	1月	2月	3月	合　計
会員数　（会員月額単価）	8	千円（月）/社	0人	0人	0人	0人	0人	0人	20人	35人	50人	65人	80人	95人	
売上高		千円	0千円	0千円	0千円	0千円	0千円	0千円	160千円	280千円	400千円	520千円	640千円	760千円	2,760千円
講師報酬		売上高の40％	0	0	0	0	0	0	64	112	160	208	256	304	1,104
講師交通費		講師報酬の5％	0	0	0	0	0	0	3	6	8	10	13	15	55
イベント・発表会費	10	千円/月							10	10	10	10	10	10	60
教材関連費	10	千円/月							10	10	10	10	10	10	60
その他費用	10	千円/月							10	10	10	10	10	10	60
売上原価		千円	0	0	0	0	0	0	97	148	198	248	299	349	1,339
マネジャー人件費	150	千円/月							150	150	150	150	150	150	900
旅費交通費	20	千円/月							20	20	20	20	20	20	120
地代家賃	194	千円/月							194	194	194	194	194	194	1,166
水道光熱費	50	千円/月							50	50	50	50	50	50	300
減価償却費	50	千円/月							50	50	50	50	50	50	300
広告宣伝費	100	千円/月							100	100	100	100	100	100	600
その他経費	50	千円/月							50	50	50	50	50	50	300
販売管理費		千円	0	0	0	0	0	0	614	614	614	614	614	614	3,686
営業利益		千円	0	0	0	0	0	0	▲552	▲482	▲412	▲343	▲273	▲204	▲2,266
実効税率	35%	千円	0	0	0	0	0	0	▲193	▲169	▲144	▲120	▲96	▲71	▲793
税引後営業利益		千円	0	0	0	0	0	0	▲359	▲313	▲268	▲223	▲178	▲132	▲1,473

：入力セル　　（税別）（単位：千円）

①-2事業計画（2年目）		月	4月	5月	6月	7月	8月	9月	10月	11月	12月	1月	2月	3月	合　計
会員数　（会員月額単価）	8	千円（月）/社	115	135	155	175	195	215	235	255	275	295	315	335	
売上高		千円	920	1,080	1,240	1,400	1,560	1,720	1,880	2,040	2,200	2,360	2,520	2,680	21,600
講師報酬		売上高の40％	368	432	496	560	624	688	752	816	880	944	1,008	1,072	8,640
講師交通費		講師報酬の5％	18	22	25	28	31	34	38	41	44	47	50	54	432
イベント・発表会費	10	千円/月	10	10	10	10	10	10	10	10	10	10	10	10	120
教材関連費	10	千円/月	10	10	10	10	10	10	10	10	10	10	10	10	120
その他費用	10	千円/月	10	10	10	10	10	10	10	10	10	10	10	10	120
売上原価		千円	416	484	551	618	685	752	820	887	954	1,021	1,088	1,156	9,432
マネジャー人件費	150	千円/月	150	150	150	150	150	150	150	150	150	150	150	150	1,800
旅費交通費	20	千円/月	20	20	20	20	20	20	20	20	20	20	20	20	240
地代家賃	194	千円/月	194	194	194	194	194	194	194	194	194	194	194	194	2,333
水道光熱費	50	千円/月	50	50	50	50	50	50	50	50	50	50	50	50	600
減価償却費	50	千円/月	50	50	50	50	50	50	50	50	50	50	50	50	600
広告宣伝費	100	千円/月	100	100	100	100	100	100	100	100	100	100	100	100	1,200
その他経費	50	千円/月	50	50	50	50	50	50	50	50	50	50	50	50	600
販売管理費		千円	614	614	614	614	614	614	614	614	614	614	614	614	7,373
営業利益		千円	▲111	▲18	75	168	260	353	446	539	632	724	817	910	4,795
実効税率	25%	千円	▲39	▲6	26	59	91	124	156	189	221	254	286	319	1,678
税引後営業利益		千円	▲72	▲12	49	109	169	230	290	350	411	471	531	592	3,117

②事業計画（中期経営計画）		初期	1年目	2年目	3年目	4年目	5年目	6年目	7年目	8年目	9年目	10年目	11年目	12年目	13年目	14年目	15年目
投資全体	IRR		#NUM!	-30.5%	1.5%	6.1%	18.8%	25.4%	24.7%	31.6%	33.2%	34.2%	34.8%	35.3%	35.5%	35.7%	35.9%
	設備投資額	▲6,000				▲3,000											
	税引後利益（3年目からの増加率）0%		▲1,473	3,117	3,117	3,117	3,117	3,117	3,117	3,117	3,117	3,117	3,117	3,117	3,117	3,117	3,117
	減価償却費		300	600	600	750	900	900	900	900	900	900	600	300	300	150	
（単年度）資金合計		▲6,000	▲1,173	3,717	3,717	867	4,017	4,017	4,017	4,017	4,017	4,017	3,717	3,417	3,417	3,267	3,117
（累計）資金合計		▲6,000	▲7,173	▲3,456	261	1,128	5,145	9,162	13,179	17,196	21,212	25,229	28,946	32,363	35,780	39,047	42,164

3. 定量的情報（初期投資額）

内 訳 明 細	金 額 （千円）
礼金1か月	200
敷金4か月	800
KAWAIナサール中古防音室3畳	1,200
特殊機器	600
エアコン	210
備品・看板等	300
内装施工	1,700
トイレ設置	150
その他	840
・・・	
・・・	
初期投資額　合計	6,000

4. 定量的情報（運用コスト）

内 訳 明 細	算定根拠
マネジャー人件費	人員数0.5人、単価30万円で計算
旅費交通費	人員数0.5人、単価4万円で計算
地代家賃	契約金額
水道光熱費	推定値
減価償却費	初期投資額600万円を10年定額法で計算。2回目の投資額300万円も10年定額法で計算。
広告宣伝費	獲得会員数○人、獲得単価○円で計算
その他経費	
運営コスト	

5. 定性的情報（各社メリット・リスク等）

項目	メリット	リスク
新規事業	①新規会員の獲得 ②新規講師メンバーの加入 ③マネージャーのOJT	①投資回収リスク ②新教室近隣住民とのトラブルリスク ③新規会員とのトラブル
・・・・	・・・・	・・・・
・・・・	・・・・	・・・・

6. マイルストーン

作業内容	1	2	3	4	5	6	7	8	9	10	11	12	13	14	15	16
	2019/8	2019/9	2019/10	2019/11	2019/12	2020/1	2020/2	2020/3	2020/4	2020/5	2020/6	2020/7	2020/8	2020/9	2020/10	2020/11
【新教室】賃貸借契約締結	★															
【新教室】講師募集開始	→	→	→	→	→	→	→	→	→	→	→	→	→	→	→	→
【新教室】施工業者，特殊機器・防音室手配	→	→														
【新教室】オープニングスタッフ講師研修スタート		→														
【新教室】10月オープン告知(体験受付スタート)	→	→														
【新教室】工事完了		★														
【新教室】スタジオオープン/新規会員レッスンスタート			→	→	→	→	→	→	→	→	→	→	→	→	→	→
【新教室】既存会員新教室にてレッスンスタート						→	→	→	→	→	→	→	→	→	→	→
・・・・・																
・・・・・																
・・・・・																
・・・・・																
・・・・・																
備　考																

最初に，教室の開設に必要な投資費用（初期投資額）を漏れなく積み上げるとともに，教室開設後にかかるコスト（運用コスト）も見積もります。そのうえで，新規事業全般の事業計画に落とし込んでいき，設備投資の金額が妥当か，あるいは回収の見通しが甘くないかを検証します。
検証のポイントは以下のとおりです。

＜設備投資額の見直しポイント＞

- 賃借か？　購入か？
- 購入先は？　設計は？
- 場所は？　大きさは？　利用方法は？
- 新品ではなく中古品を活用するか？

＜回収額の見直しポイント＞

- 売上見込みは妥当か？　保守的か？
- 変動費用（売上に連動する費用）は保守的に見積りしているか？
- 人件費は（人数や１人当たり支給額を含め）妥当な水準か？
- 毎月，固定的に発生する費用は，網羅的に計上しているか？
- 入金と出金のバランスは確保されているか？
- 税金納付を考慮し，設備投資にかかる損金計上時期を早める方法は検討したか？（たとえば，固定資産計上の要否の再検討，新品から中古に変更することによる耐用年数の短縮等）

Q　資金調達の全体像，種類，方法，メリットやデメリットについて教えてください

A　概要は下図のとおりです。

調達手段	概要	メリット	デメリット
自己資金	経営者として会社に貸し付ける，あるいは増資する。	経営者自身の資金であれば他者への返済の必要がない。	経営者の手元資金の額で設備投資の上限が決まる。

ファイナンスリース	•「お金を払って借りた」という形をとるが，実質は分割払いの購入である。 •途中で解約できない（ノンキャンセラブル） •リース料の総額が，物件の価格以上（フルペイアウト）となる。 •「所有権移転ファイナンスリース」と「所有権移転外ファイナンスリース」がある。	•分割払いのため，初期投資の資金が不要である。 •原則として売買に準じた会計処理となるが，所有権移転外ファイナンスリースは，中小企業であれば（一定の要件を満たすと）例外的に賃貸借としての会計処理が認められる。	•途中解約できない。 •融資と同様に金利がかかる。
融資	•銀行からの借入 •ノンバンクからの借入 •社債（少人数私募債） •第三者（両親，知人）からの借入	•銀行借入は返済実績を作ると次回以降の借入が容易になる。 •第三者の借入は（金融機関に比べ）相対的に返済猶予を申し入れやすい。	•返済の義務がある。 •融資は概ね経営状況の報告義務があり，申請した使途以外の使途に資金を費消できない。 •金利が発生する。
補助金・助成金	•経済産業省系の研究開発等向けの補助金 •厚生労働省系の人材・能力開発等向けの助成金 •地方自治体等による助成金・補助金	•申請が通れば返済その他の義務に縛られない。	•申請のために外形的要件を満たす必要がある。 •官庁への報告が必要な場合がある等手間がかかる。

出資	•ベンチャーキャピタルからの出資 •中小企業投資育成株式会社法に基づく出資 •個人投資家（エンジェル）からの出資 •事業会社からの出資	•（明示的な）返済義務がない。 •事業性を買われれば比較的容易に資金調達できる可能性がある。	•資本政策に制約が生まれる可能性が高い。 •出資した会社から取締役を送り込まれる等，役員構成が変わる，あるいは経営への監視が強まる可能性が高い。

COLUMN

固定資産とは何か？

固定資産とは，一般的に１年以上の長期にわたって使用または利用する目的で保有する資産をいいます。

固定資産の取得価額は一般に，固定資産の取得に直接要した費用に，付随費用を加えた金額を計上します。ただし，資産取得のための借入金利子や不動産取得税等の税金は取得価額に含めないことができる等の各種の特例があるため，資産取得の際は以下に説明する耐用年数や償却方法等も含めて，税理士に相談するようにしてください。

減価償却資産の耐用年数はその資産が利用に耐える年数であり，同じ資産でも使用状況により異なりますが，法人税法上は資産の種類や構造，用途別に耐用年数を詳細に定め，画一的に扱うこととし，税法で規定される耐用年数を「法定耐用年数」としています。パソコンを例にとると，４年かけて減価償却することとされており，減価償却費は使いはじめた月からの月割で計算します。

有形固定資産の減価償却の方法は，原則として建物・建物附属設備・構築物は定額法，その他の資産は特殊な資産でない限り定率法となります。定率法の場合，減価償却の金額が最初は大きいことから投資の初期に利益を減少させる節税効果があります。

なお，中古資産の耐用年数は，新品の資産とは異なり，その事業の用に供した時以後の使用可能期間として見積もられる年数によりますが，使用可能期間の見積りが困難であるときは，簡便法で算定した年数によることができます。Iさんの事例に出てきた「中古車の耐用年数３年」は簡便法で計算しています。

これらをふまえて，高橋さんは以下の選択をしました。

（高橋さんの選択）

✓設備投資額は，いくつかの内装業者と協議した結果，４ルームで900万円と見積り，当初は２ルームを600万円で造作。２年後，会員数が増えてきたタイミングで，追加２ルームを300万円で造作することとし，１回目と２回目の投資合計額900万円を，４年間で回収する計画とした。

✓投資資金については，自己資金で賄うか，他人資金を投入するかで迷ったものの，結論として高橋さん自身の貯金から支出することとした。自己資金で賄う場合は，設備投資額が少なくなってしまうデメリットはあるが，返済の心配がなく精神的な余裕をもって事業展開できるというメリットが大きいからだ。

2. 公募採用で人材を得る

＼STORY／

都内へ３教室目の展開を決断した高橋さんは，南さんの業務が膨らむことを想定し，将来的に各教室の責任者となり得る人材を採用する必要があると考えた。とはいえ，高橋さんは南さんの採用時に「良い人材」に入社してもらう難しさを痛感していた。そのため，「即戦力」ではなく，少しずつ育成することも視野に入れて採用活動を行いたいと考えている。
すぐに高い能力を発揮してもらうというよりは，会社の方針や考えに共感して10年，20年と継続して勤務してくれる人が望ましいと考えた。

高橋さんの会社は下記の組織図イメージでいうと，販売・製造・開発のすべての機能を南さんが担当し，経理・総務といった実行・マネジメントを山田さんが担当，高橋さんが全体を統括しつつ人手の足りない部分をカバーする，といった役割分担となっています。

このステージのスタートアップ企業では一般的に，収益化が最大の焦点といって差し支えありません。そのため，人材を新たに補充する余力が出てきた段階で採用するとしたら，主に販売・製造・開発に関わる機能で収益に貢献してもらうことになるでしょう。マネジメントに関わる機能は税理士や社労士等にアウトソースして肩代わりしてもらいながら，収益向上につなげる機能を社員で補強するケースが多いです。

また，社員採用にあたってはどういったスキルの人材を採用するかといった人材要件が重要になります。採用をめぐる市場環境の影響や採用に割ける予算の制約もあるため，必ずしも要件を満たす人材を採用できるとは限りませんが，

〈組織図イメージ〉

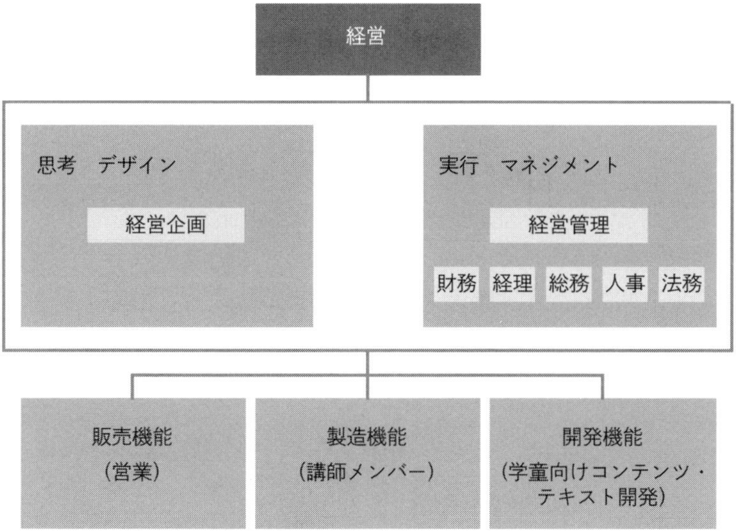

このステージで採用した人材が将来は会社の中枢を担う，あるいは少なくとも古株となるわけですから，誰でもよいわけではないはずです。採用のミスマッチは物理的にも精神的にも重荷になりますので，補充を急いで妥協してしまうことのないように注意が必要です。

加えて，どの市場から採用するかも日本国内では大きなポイントです。一般的にスキルの高い即戦力を求める場合は中途から，組織への順応を重視する場合は新卒から採用するケースが多いです。

これらを考慮し，販売・製造・開発の機能を担う南さんをサポートし，将来は中枢となり得る人材を新卒から採用して育成するという結論に高橋さんは至りました。

社員の公募採用の手段は，求人広告から人材紹介会社，ヘッドハンティングまで幅広く，アプローチできる人材は縁故採用に比べて多くなります。反面，お互い初対面に近い状況から数回の面接等で入社までの結論を出すのが一般的なため，入社後に選考段階の見込みと違ったとトラブルになることも少なくありません。

高橋さんは，先輩経営者Ｊさんから次のような話を聞いています。

Ｊさんは，売上５億円，社員数12名のIT企業の経営者です。売上は年々増えているため，中途採用で，開発技術者の即戦力を採用したいと考えていました。求人広告を出すと，それなりに応募はあるのですが，なかなか採用には至りませんでした。

そこで，上場会社の人事部での勤務経験のある社労士に相談し，助成金等も活用しながら，人事制度の見直しに着手しました。

人事チーム強化策

1. 専任メンバーのアサイン
2. 外部専門家（社労士）の顧問就任
3. 人事制度の見直し
   ・目標管理制度の導入
   ・年次有給の時間単位付与
   ・
   ・
   ・
   ・幹部社員４名の評価者研修受講

具体的には，目標管理による評価制度や年次有給休暇の時間単位付与，さらに働き方改革関連・テレワーク・在宅勤務・男性の育休等にも取り組みました。

取り組むにあたっては，社労士に丸投げするのではなく，社内メンバーの１人を担当として任命し，他のメンバーにも協力を仰ぎ，Ｇさんも要所要所でフォローしながら進めました。

目標管理制度の評価者研修は，社労士に講師となってもらい，幹部社員４名を指名し，受講してもらいました。

これらの取組みの効果が徐々に表れ，次第に中途採用もよい結果が出るようになりました。

高橋さんはＪさんから，少し回り道のように思えても，人事制度をしっかりと作ることが採用に大きな効果をもたらすことと，採用は継続的に行うことになるので，高橋さん以外の担当者を育成しておくことが重要であると学びました。

Ｊさんの事例も参考に，ここでは，２つのポイントを取り上げます。

⑴ 人事制度の骨格部分を決めておくこと

１つ目は，人事制度の骨格部分を決めておくことです。身の丈に合った制度を設計し，説明会や採用面接等では，会社のよい部分だけではなく「不足していると経営者が感じている部分」も含め，しっかりと説明し，納得して入社してもらうことが重要です。

説明する際には，給与体系や賞与の有無，健康保険組合への加入状況，残業時間の算出方法，通勤交通費，定年制，育休取得率，有給取得率等に加え，自信の持てる福利厚生制度等も組み込めると望ましいです。

ただ，あまり理想を追いすぎて，身の丈に合わない制度を設計することはお勧めしません。現状の売上水準や資金の動きを考慮して，着眼大局・着手小局で土台を固めることを優先しましょう。

その際に有用なのが「労働生産性」の視点です。労働生産性とは，労働者１人当たりまたは１時間当たりに生産できる成果を数値化したものです。一般的な計算式は，

（付加価値）労働生産性＝「付加価値額」÷「労働者数×労働時間」

ですが，前記の労働分配率（粗利額に対する人件費の割合）も計算式は，

「粗利益（付加価値額）」÷「人件費」

であり，労働生産性の観点から活用可能です。

適正な労働生産性という視点を持つと，「１人採用することにより，どれくらいの粗利を追加で獲得できるのか」を念頭に置きながら，採用やその後の人件費の適正水準を設定しやすくなります。

⑵　人事労務担当の育成の視点

２つ目は，人事労務担当の育成の視点です。

当面の目標となる（公募による）人材採用を実現することが求められますが，できれば今後の採用も視野に，経営者が属人的に人材採用から人事制度設計まで対応するのではなく，人事労務業務を任せられる候補社員を巻き込み，ノウハウを共有していくことをお勧めします。

会社の成長を目指す限り，人材は常に必要となります。社員採用，継続的な雇用維持対応は経営者が属人的に対応することではなく，チームを作り，長期スパンで対応していくことが重要です。

チーム作りに際しては，「人事労務の専門家としての社労士」の代わりを社内に置くという考え方ではなく，会社の現状および向かうべき方向性を理解し，会社の立場に立って，社員と良好な関係を構築するための人事労務チームを目指しましょう。

人事労務と一口にいっても，その業務内容は多岐にわたり，法改正等も頻繁にあり，さらに，人事評価制度も時代とともに変化していく傾向にあります。そのため，すべての分野について常に最先端の知識・ノウハウを習得し続けるよりも，社員の不満を早期に察知し，本質的な問題を見抜くことに重点を置きましょう。その解決案は，最先端の知識・ノウハウを持つ外部の専門家にいくつかの選択肢を提案してもらい，そこからメリット・デメリットを鑑みて決定すれば足ります。

上記のような考え方に立つ場合，人事労務チームのスキルとしては，ハーバード大学教授で，マネージャーに求められる能力の研究で知られるカッツ・ロバート・L氏の分類に沿うと，次の３つが重要となります。

- 労務の業務知識＝テクニカルスキル
- 対話能力＝ヒューマンスキル
- 物事の本質を見抜く能力＝コンセプチュアルスキル

以上の２つのポイントを意識しながら採用に取り組むとともに，採用後は，採用した社員の定着にも配慮していくことになります。採用そのものも，採用広告費や関わる社員の稼働といったコストがかかりますが，社員の退職はポジションや社歴等に応じて有形無形の損失をもたらします。少なくとも数か月で退職といった事態にはならないように取り組みましょう。

社員の入社直後には，会社のミッションや部署の目的，計画を伝えるとともに，配置したポジションでの目標設定とそのための業務についての認識をすりあわせます。特に中途採用の場合，「ある程度の社会人経験があるから，事細かに説明しなくてもわかるだろう」と安直に考えないようにしてください。各々の会社の風土やルールにより働き方は大きく違ってきます。最初のボタンの掛け違いが定着の最大の阻害要因となりかねませんから，丁寧すぎるくらい説明をしてもよいでしょう。スタートアップは忙しくて，最初の定着までのステップをおろそかにしがちです。新入社員に期待に応えてもらうためにも，時間をかけて説明していくのが望ましいでしょう。

また，詳細は後記しますが，四半期ごとの人事評価や面談といった機会を通じて評価を適切にフィードバックし，社員のモチベーションをマネジメントすること，会社への思いや不満があればすくいあげることも定着に向けては重要なことです。

コミュニケーションの観点では，期末等の時期に応じて打ち上げや業績発表会等のイベントを行い，全社的な一体感を醸成していくことも有効な施策です。目が行き届く規模であれば個別のコミュニケーションでカバーできるかもしれませんが，組織が大きくなっていったら部署が縦割りにならないような仕掛けを検討していくことも重要となってきます。

COLUMN

はじめての公募採用のイロハ

はじめて社員を雇用する場合，パートやアルバイト等の雇用形態によって，さまざまな手続が必要となります。

⑴ 労働条件通知書も兼ねた雇用契約書の締結

労働条件通知書とは，労働条件を明確に記した書面です。労働基準法において必ず記載しなければいけない項目が定められており，書面にて採用者に交付する必要があります。

ただし，雇用契約書に労働条件通知書の内容を記載してもよいため，雇用契約書に必要な記載事項を含めて，双方が署名捺印することをお勧めします。

当面は記載する労働条件の詳細については社労士に相談し，内容のポイントを確認しながら作成するとよいでしょう。

⑵ 社員からの書類回収

雇用に伴う手続を行うために社員から提出してもらう書類は，履歴書や職務経歴書をはじめ，給与や健康保険，年金，さらにはマイナンバーに関するもの等多岐にわたります。最初は社労士にチェックリストを作成してもらうとよいでしょう。新卒か中途か，扶養家族がいるか等採用者の状況に応じて必要となる書類が異なります。社員に必要な書類を入社日までに準備してもらうようにしましょう。

⑶ 税金関係の手続

社員を雇用し給与を支払うことになると，所得税や住民税を源泉徴収することになるため，税務署等へ届出をする必要があります。ただし，法人設立時に届出している場合，税務署への届出は不要です。

⑷ 社会保険の手続

手続の必要な社会保険は，健康保険，介護保険，厚生年金の３つです。社員ごとに加入義務があるかどうかを確認し，社労士に相談しながら，手続きしましょう。

(5) 労働保険の手続

労働保険には，家族以外の社員を雇った場合に必ず加入しなければならない労災保険と，１週間の所定労働時間が20時間以上で一定の条件を満たす社員を雇用した場合の雇用保険の２種類があります。

(6) 社内で準備するもの

労務管理書類として，賃金台帳・労働者名簿・出金簿（タイムカード等）は作成の義務があり，３年間保存することも義務付けられています。

このほかにも，就業規則の整備や36協定の締結および届出等の準備が必要ですが，具体的な実務は会社の現状をふまえて社労士と相談しながら進めてください。

また，所定の条件を満たしている場合は，厚生労働省や自治体の雇用関連の助成金を申請することも可能ですので，こちらも社労士に相談するとよいでしょう。

これらをふまえて，高橋さんは以下の選択をしました。

（高橋さんの選択）

✓高橋さんの母校の大学に社員募集の求人票を出し，応募してくれた数名を面接し，最終的に来年３月に卒業する２名を採用することとした。

✓新卒採用する２名（鈴木さんと佐藤さん）は南さんのもとに配属し，講師業務も担いながら，お客様への応対や講師サポート業務を担当してもらうこととした。

✓将来的な人事労務チームの組成を見据えて，高橋さんに加えて山田さんも，社労士に相談しながら人事労務手続に取り組んでもらうこととし，また，簡単な手順書も作ることとした。

3. 取引先との契約は慎重に！

＼STORY／

会社設立時に，プログラミング教室の生徒・保護者との契約書類の見直しは完了している。しかし，その後，講師メンバーや広告・ホームページ制作会社等業務委託先との契約が少しずつ増えてきている。
現状は，その場その場で必要に応じ契約書を作成し，対応している。大きな問題は起こっていないものの，作業が煩雑化してきた。
また，社内に法律の専門家を置いてはいないため，契約内容について若干の不安を感じている。高橋さんがスタッフにヒアリングしたところ，「請負」と「準委任」の違いは理解していたが，それ以外の法律の知識は心許ない状況であった。
理想としては，業務委託先と互いに対等な条件あるいは納得できる条件で契約を締結し，気持ちよく仕事をしたいと考えている。
また，取引先トラブルになり得る危険性は早々に摘んでおきたい。

高橋さんは，たまたま読んだ雑誌の記事で，以下のような事例を知りました。

Ｌさんは，夫婦で立ち上げた会社を上場させ，その子会社Ｖ社で文化事業の象徴としてリゾート型ホテルを運営していました。

その後，上場会社の経営から手を引き，ホテル運営に注力することとし，Ｖ社をＬさんが買い取りましたが，当該ホテルは上場会社がそのまま保有し，20年間Ｖ社が賃借する契約を交わしました。20年の間にＶ社が資金を準備し，上場会社から施設を買い取ることが前提の「つなぎの契約」というのが当時のＬさんの認識でした。しかし，買い取りの意思を上場会社に口頭で伝えたことで了承を得たと思っていましたが，確約する書面を交わしてはいませんでした。

そうこうするうちに月日が流れ，2011年の東日本大震災で，ホテルは大きな被害を受けてしまいました。Ｌさんはホテルの所有者である上場会社に，傷ついた施設の修繕を求めましたが，修繕範囲に関する意見の食い違いもあり，要望は受け入れられませんでした。ホテルの大半は震災から13か月間営業ができず，稼働率は３割まで落ち込みました。

このためＬさんは，修繕が行われなかったことへの対抗措置として，家賃の支払いを拒否しました。しかし，賃貸借契約書には３か月以上の家賃滞納が退去を要求できる条件として明記されていたため，上場会社は施設の引渡しを求めてＶ社を提訴しました。

そして，裁判闘争の最中に，上場会社は「当該ホテルを他社に売却すること」を通知してきました。そして，売却は実行されてしまいました。

この記事の中で，Ｌさんのコメントとして「私の脇の甘さ，社会経験のなさがこの事態を招いたと思っています。賃借契約を結んだ時点で，賃料の一部を将来の買取費用に充当したり，Ｖ社が営業面でのリスクを負わない形の受託契

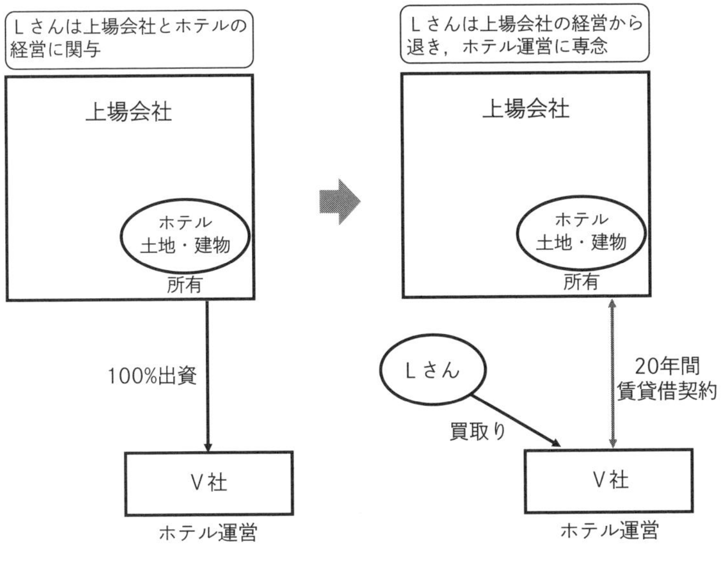

約を結んだりする方法もありました。後になって，弁護士からなぜもっと有利な契約を結ばなかったのかと指摘されました」とあります。

このことから高橋さんは，取引開始の最初の契約が肝心だと学びました。日常業務に忙殺されていると，なかなか細かなことに注意が向かない可能性も考慮し，契約書締結時の手続をあらかじめルール化しておくことが有用と考えました。

また，経営者自身がすべての契約書に目配りできないことも想定し，法務担当の育成も視野に入れておく必要があると思いました。

取引先との関係は，当初想定している取引が継続しているうちは，契約書を締結していなくても，そこまで大きな問題に発展することはありません。多少の問題は，誠意をもって協議することで解決できるでしょう。経営者が直接担当していればなおさらです。

しかし，その取引先との取引が５年，10年と継続し，取引先の窓口も経営者から他のメンバーに引き継がれるうちに，当初の信頼関係が崩れたり，暗黙の了解がうやむやになったり，引き継いだメンバーの対応がまずかったり，ということが重なり，大きな問題に発展することがあります。

そのときに契約書の存在が重要になります。ここでは，２つのポイントについてお話しします。

(1) 契約書管理のフレームワークを決める

１つ目は，契約書管理のフレームワークを決めることです。

具体的には，すべての契約書を一覧化し，もし取引を開始しているにもかかわらず未締結の契約があれば，速やかに契約書を取り交わすとともに，頻繁に発生する取引は標準的な契約書テンプレートを作りましょう。

さらに，新規取引先との取引開始にあたっての契約フローを整備し，運用しましょう。たとえば，与信・反社チェックリストの活用や取引先オフィスへの訪問，契約書の法務レビュー等がフローに盛り込まれます。

与信に関して，売上先は基本的には貸倒リスクが最大の焦点となる一方，相対的に注意が行き届かないのが仕入・（売上に直接関連する）業務委託先との取引です。買い与信も品質・納期・採算の維持・向上を図る際にとても重要なので，経営不安等の要素がないかを確認します。

また，現代社会において反社チェックは重要で，少なくともWEBでのキーワード検索は必ず実行すべきでしょう。法人であれば会社のホームページを確認し，代表者のプロフィールを確認します。また，個人の場合はSNSをチェックする等も有効です。

標準的な契約書テンプレート作成にあたっては，売上に直接関連する仕入先や業務委託先との取引はもちろん，先方から契約書案が送られてくることが多い売上取引であっても，自社としての譲れないラインを明確にする意味で，自社独自のテンプレートを用意しておくことをお勧めします。一般的なひな型がベースになりますが，自社の事業で起こり得るリスクをヘッジするのも契約書の役割の１つですので，条文とそれに関連する事業の局面を照らし合わせながらテンプレートの精度を高めていきましょう。

なお，ビジネスモデルによっては，すべての取引につき契約書を締結することが現実的に難しい場合もあります。その場合は，たとえば，「売上・仕入・（売上に直接関連する）業務委託先との取引は原則としてすべて契約を締結し，それ以外の取引は定常的に取引が発生し，年間取引高50万円以上を目安として契約を締結する」といったルールを決めて，運用しましょう。

(2) 法務担当の育成の視点

２つ目は，法務担当の育成の視点です。

前記のとおり，人事労務の手続と同様に法務分野の手続も多岐にわたり，かつミスや遺漏があるとトラブルや法律違反となってしまいます。法務の専門家に相談しながら細心の注意を払って進めるとともに，せっかくの機会なので社内にノウハウを蓄積していけるとよいでしょう。

具体的には，将来を見据えて法務チームを育成していくことがお勧めです。

その場合，人事労務チームと同様に法務チームも法務の専門家としての弁護士の代わりではなく，会社の現状および向かうべき方向性を理解し，会社の立場に立って，取引先と良好な関係を構築するための法務チーム作りを目指しましょう。

法務といっても，その業務内容は多岐にわたるので，そのすべての分野について常に専門家であり続けることよりも，自社固有の事業リスクを早期に察知して本質的な問題を見抜くことが重要であり，その解決案は外部の専門家にいくつかの選択肢を提案してもらい，そこからメリット・デメリットを判断し，決定すればよいという考え方です。

上記のような考え方に立つ場合，法務チームのスキルとしては，人事労務チームと同様に次の３つが重要となります。

- 法務の業務知識＝テクニカルスキル
- 対話能力＝ヒューマンスキル
- 物事の本質を見抜く能力＝コンセプチュアルスキル

また，法務チームの知識・ノウハウは，リスクをヘッジするという守りだけではなく，副次的な効果として，新しい事業分野を開発する時の法的な対応を検討するという攻めの局面でも活用することができます。

スタートアップ段階で法務チームの組成は難しいと感じるかもしれませんが，フルタイムで法務業務に携わることにとらわれず，他の業務との兼務を前提に業務分担を検討してみましょう。複数の業務に携われるメンバーが増えることは，そのメンバーのキャリアにもプラスですし，会社の成長発展にとっても有用です。

さらに，仕入先や業務委託先等の協力会社への対応は，売上先の場合とは異なり，自社側の意識次第で主体的に変更していけることが多いです。自社のサービス品質・納期・採算の向上を図ることを念頭に，協力会社と中期的に良好な関係を構築しましょう。社員と同様，協力会社をグループメンバーの一員のように考えて関係を構築していくことが重要です。

さて，高橋さんからは，次のような質問がありました。

Q 契約の基礎知識について教えてください

A 契約書を締結していないと契約が成立しないわけではなく，実は契約は口頭でも成立します。しかしながら，トラブルに発展した際，口頭では「言った」「言わない」で揉めた末に結論が出ないことが大半のため，双方の合意事項を契約書という書面に残しておく意義があります。
それゆえ，契約書では冒頭に何の取引に関する契約で，納期をはじめとする期間や取引の対価，双方が背負う義務等を明確に定義するわけです。そのうえで，第三者への再委託や権利侵害，秘密保持義務，権利譲渡の禁止，不可抗力への対応，損害賠償の範囲，契約の解除等といったトラブル対応への決まりごとを網羅的に記載します。
たとえば，自社が契約どおりに納品できず，取引先に損害を与えたとしましょう。通常であれば，取引先の損害額を合理的に算定してその金額を賠償することとなります。しかし，契約で損害額の上限を取引対価の範囲内と設定しておくことによって売上はゼロにはなりますが，売上の10倍にものぼる損害額の賠償は回避できる可能性があります。逆の立場に立てば，損害の上限を設定することによって相手先から得られるはずの賠償額が限られてしまう可能性もあるわけです。
もちろん，何のトラブルもなく取引を完了するのが理想ですが，“もしも”のトラブルが発生したときのリスクヘッジのために，契約ではさまざまなことを定め，その中で自社にとって少しでも有利な条件を引き出すことが重要なのです。

Q 買い与信の管理ポイントについて教えてください

A 売上先への与信管理は，商品を販売してから，その代金を回収するまでの「与信（信用を与える）」期間中の回収リスクをコントロールすることになります。

対して，買い与信の場合は，商品代金を支払ってから，その商品が届き，問題なく販売あるいは社内利用されるまでの「与信」期間の回収（返金）リスクをコントロールすることになります。
したがって，一般的には，以下のような点をチェックします。

〈買い与信のポイント〉
- 返金を要請するような事態になった場合に，返金できる財務的な体力があるか
- 返金できる財務的な体力がない場合に，保険等でカバーできるか
- そもそも（自社が発注時に想定する）適切な品質と納期を守れる体制が構築されているか

また，与信額の設定にあたっては，どのくらいの取引を想定するかという視点から「必要与信額」を算定し，次に，会社として，どこまでの与信額を許容できるかという視点から「許容与信額」を算定します。
許容与信額については，いろいろな算定方法がありますが，ここではイメージを持ってもらうために，簡易的な計算式事例を記載します。

1.前提
- 運用できることを重視し，シンプルな設計とする。
- 個々の購買担当（または営業担当）の教育効果を視野に入れる。
- 取引が「ある一定の取引先」に偏重するリスクを考慮する。
- 自社側の「経営に与えるインパクト」を考慮する。

2.具体的な計算式
標準金額×信用係数

(1) 標準金額は，下記①と②のうち，少ない金額とする。
① 「自社の仕入高の過去３年間の月平均」×１割
② 自社の「貸倒れや売上取消が発生し，経営に影響を与える金額」＝1,000万円
なお，新規取引の場合は，当該取引先の資本金が前記標準金額よりも少ない場合は，資本金額を標準金額とする。

(2) 信用係数は，下記A～Eの項目を基礎として，以下のように算定する。

- 5項目すべてに当てはまる場合（あるいは不明が4項目以上）… 50%
- 4項目に当てはまる場合（あるいは不明が3項目以上）………… 60%
- 3項目に当てはまる場合（あるいは不明が2項目以上）………… 70%
- 2項目に当てはまる場合（あるいは不明が1項目以上）………… 80%
- 1項目に当てはまる場合（あるいは不明が0）……………………… 90%
- 0項目に当てはまる場合（あるいは不明が0）………………………100%

なお，「2項目に当てはまり，3項目が不明の場合」は「60%」とする。

項目	
A	（当該取引先の）社長・役員の活力・業界経験・素行面等に不安がある。
B	（当該取引先の）社員の離職率・会社への評価（忠誠心）・やる気等に問題がある。
C	（当該取引先の）商品・技術・サービスの企画・開発力，コスト競争力，商品・サービスの優位性，設備投資余力，市場の狭さ（限定されている）等に不安がある。
D	（当該取引先の）財務・資金繰り関連（売上高が横ばい，売上減少が3年以上継続中，3期連続の赤字，取引銀行との関係が悪化，借入金が月商の3倍以上，減価償却費が適正ではない，税金・社会保険の滞納等）に不安がある。
E	その他（本業外への投資，オフィスが清潔か，安易な転業，商号変更や本店所在地の移転が多い，社会的制約・法的規制が進んでいる業界，規模の割に子会社などが多すぎる等）で当てはまる項目がある。

Q ロゴや社名は，商標登録をしたほうがよいでしょうか？

A 結論からいうと，商標登録はしておくに越したことはありません。第三者による商標権の侵害といった事態が起こり得るリスクは，特に事業が順調に成長しているときに勃発しがちです。ロゴや社名の第三者使用への抑止力ともなり，また紛争に発展した際に権利侵害の事実を主張するうえでも商標登録は重要な論拠となります。

また，自社が第三者の商号や商標を侵害していないかも十分に留意しなければなりません。商号や商標を決定する際は，あらかじめ第三者の権利を侵害していないか，念入りに調査することが不可欠です。侵害が明らかになった場合，侵害した事実そのもののみならず，自社がその商標を用いて得た利益の相当分に加えて，当該商標を持つ会社が，侵害がなければ得られたはずの逸失利益まで幅広く損害賠償の対象となります。

Q 業務委託契約書の印紙税について教えてください

A 契約といえば「業務委託契約書」というタイトルが多いものですが，印紙税法上および民法上は「委託契約」という定義がそもそも存在しません。このため，印紙税の課税は契約書の内容が「請負に関する契約書（２号文書）として課税文書」に該当するか否かで判断します。

「業務委託契約書」という名称で「請負契約」でない場合，あり得るのは「準委任契約」です。請負と準委任の最大の違いは「業務の完成」と「解除条項」の２つです。

まず，「業務の完成」についてです。請負契約では請け負った業務が完成し，その結果に対して報酬が支払われるものですが，準委任契約では業務の完成自体の義務はなく，業務を受託したことの対価として報酬を受け取ることができるという違いがあります。つまり，請負契約では双方が合意し得る納品物が定義され，発注者の検収とともに納品物に係る権利が移転しますが，準委任契約では納品物の定義も検収もありません。

もう１つの「解除条項」についてです。請負契約の場合，発注者は請負人が業務を完成させるまでの間は，いつでも損害を賠償して契約を解除できますが，請負人は業務の完成を約束した以上，契約を途中で解除することは通常認められません。これに対して，準委任契約では原則として，委託者と受託者はいつでも，どちらからでも契約を解除できるという違いがあります。

なお，紙による契約書を交付しない電子契約等の場合は，印紙税の対象となりません。

Q 個人情報保護についての留意点は何ですか？

A 今はまだ教室も数えるほどであり，生徒数もさほど多くありませんが，個人情報の取扱いはいかなる規模の会社であっても注意が必要です。いわゆる個人情報保護法は施行当初，取り扱う個人情報が5,000件以下の事業者は適用対象外としていましたが，2017年の改正によりすべての事業者に義務化されました。
個人情報保護法は次の４つのルールを軸としています。

《個人情報保護法の４つのルール》

① 個人情報の取得・利用
② 個人データの安全管理措置
③ 個人データの第三者提供
④ 保有個人データの開示請求

詳細については，政府の個人情報保護委員会が発行しているハンドブックを参照してください。また，同委員会のウェブサイトでは実務面に関する情報やチェックリスト等も掲載されているので参考になります。

＜個人情報保護法ハンドブック＞
https://www.ppc.go.jp/files/pdf/kojinjouhou_handbook.pdf
＜個人情報保護委員会ウェブサイト＞
https://www.ppc.go.jp/

基本的に一度仕組みを整えれば，法改正のタイミングに応じてアップデートしていき，個人情報保護法の枠組みに則った管理は可能です。しかしながら，それでも漏えい事故は起きるものと考えるべきです。
ここで重要なのが社員への教育と啓蒙です。個人情報保護の意義や，仮に事故が起きた場合の影響，起こさないための施策と心構え等を自分ごととして理解してもらいましょう。
小さな会社ではオフィスでの一元管理が容易な場合が多いですが，高橋さんの会社は教室が増えるにつれて個人情報の保管場所が分散する可能性が高く，それが漏えいその他の原因となるリスクがあります。「個人情報を取得した際の申込書等は即座に本社に集約し，開錠できる人の限られた場所に保管する。」「保護者との連絡のための名簿の閲覧等は，教室の限られたスタッフのみに権限を付与して，個人情報へのアクセスそのものを制限する」といった適切な対策を講じましょう。

社員による漏えいリスク対策としては，入社時・退職時に提出してもらう「個人情報保護に関する誓約書」も抑止力になり得ます。

そして，漏えいさせないためには，適切な教育は欠かせません。たとえば，社員が顧客情報を持ち出して独立するといったことが起こると，収益へのダメージはもちろん，会社の信用やブランドを毀損してしまいます。こういったことを回避するためにも個人情報保護の取組みは重要です。成長に応じて，ＰマークやISMS等の認証取得プロセスを通じて体制や設備を強化していくことを検討してもよいでしょう。

また，社員の個人情報も取扱いの難しさが増しています。マイナンバーの導入・普及に伴って難易度が高くなっていますので，専門家にも相談し対応を検討しておくことが重要です。

これらをふまえて，高橋さんは以下の選択をしました。

（高橋さんの選択）

✓講師メンバーとの契約を見直して，委託内容を明確にするとともに委託料も売上に連動する方式に変更し，会員へのサービスと講師報酬との関係をわかりやすくした。合わせて講師スキル向上をバックアップする研修等も整えることとした。

✓業界に詳しい弁護士（大手出身の個人事務所）と顧問契約を結んだ。

✓将来的な法務チームの組成を見据えて，高橋さんだけではなく山田さんが頻繁に締結する取引先との契約について，弁護士に相談しながら，ひな型と簡単な手順書の作成に取り組むこととした。

✓著作権と個人情報保護については，社員だけではなく講師メンバーにも関係しそうなため，まずは，講師を対象としたレクチャーの機会を設けた。近いうちに体系化した研修メニューの１つに加える方向で検討を進める。

4. 第１期決算を締める

\ STORY /

第１期も残すところ３か月あまりとなり，高橋さんは決算に向けて顧問税理士の天田先生と打合せをすることになった。打合わせは，12月頃からスタートし，３回にわたって実施された。その中で，第１期は赤字ではなく収支トントンになる見込みだということがみえ，高橋さんは胸をなでおろした。とはいえ，設備投資に自己資金を投入しているため，貯金も残りわずかとなっており，決して余裕があるわけではない状況が続いている。これからの事業の成長に必要な資金を確保していく必要があり，金融機関からの融資も視野に入れて検討したいと考えている。

高橋さんは，先輩経営者Ｍさんから次のような話を聞きました。

Ｍさんは，WEB制作会社を経営しています。会社を設立してから約10年が経過し，業績のよい時期もありましたが，最近は業績も低迷中で，売上も5,000万円を割り込み，社員も２名となっています。

今期は久しぶりに黒字となったものの，数年前に大きな赤字を出したため，税務上の繰越欠損金があり，法人税等は発生しませんでした。

ただ，決算作業は決算日を超えてから，バタバタと書類を整え，顧問税理士に決算を組んでもらった影響で，消費税はほとんど納付せずに済んだところを，請求書等がみつからず経費計上できないものがありました。最終的に約60万円の納付となり，納税資金が不足し，分割で納付することになりました。

また，Ｍさんの役員報酬は数年前から同額のままとなっています。本来は，Ｍさんが会社に貸し付けた約500万円の「社長借入金」があるため，「役員報酬を計上しない」という選択肢もあったのですが，税理士とうまく情報共有ができていませんでした。結局，役員報酬を計上し，それに対応する源泉所得税を納付することになってしまいました。

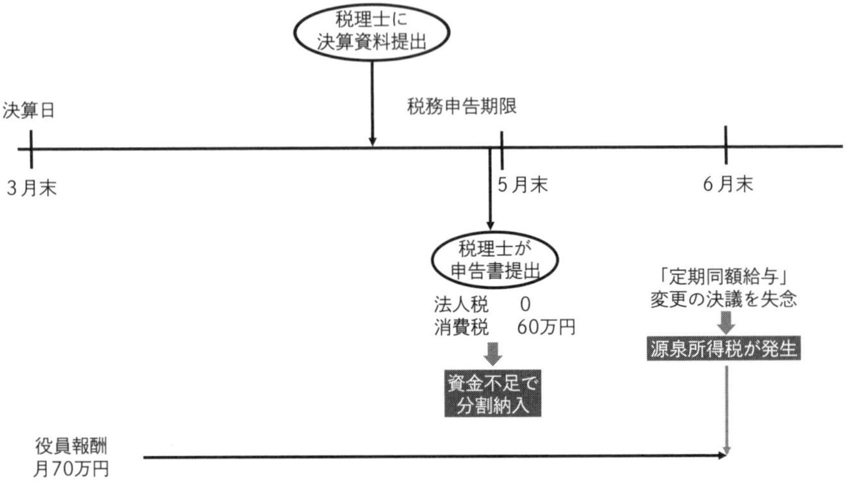

このことから，高橋さんは，決算作業は余裕を持ってはじめないと，準備不足や情報共有ミス等により，本来払わなくてもよい税金を払うことにもなりかねないということに気づかされました。

また，決算作業は毎年のことであり，経営者の大切な時間を使うことになるので，兄弟等の親族との分担や外部へのアウトソースも含めた経理チームの作り方を検討してもよいのではないかと考えました。

Mさんの事例や高橋さんの考えも参考に，ここでは，２つのポイントを取り上げます。

(1) 第１期を締める前に第２期の計画を立てる

１つ目は，第１期を締める前に第２期の計画を立てることです。

第１期決算締めにあたり，少なくとも３か月前には，第１期の決算見通しを把握し，第２期の計画策定に着手しましょう。３か月前というタイミングは，決算を締めた後に納付する税金のための資金や，節税対策のための準備期間の確保といった意味もありますので，仮に着地を見通せない状況でも決算締めの準備に入りましょう。

特に「役員報酬額の決定」は前記のとおり，第２期終了時点でどのくらいの資金を残しておきたいのか，そのために「経営者個人として役員報酬からいくら貯金し，いくらの利益（税引後利益）を会社に残すか」等を考慮し，戦略的に計画を立案しましょう。

その際に，重要な指標となるのが「労働分配率」です。前章では労働生産性という観点から説明しましたが，計画策定においても重要な指標となります。

労働分配率は，売上から原価を差し引いた粗利益のうち，人件費に配分する割合のことで，ビジネスモデルや業種ごとに平均的な割合はありますが，あくまで目安です。高ければよい，低ければだめということではなく，計画段階で，「今期の労働分配率は35%にしよう」と決定し，それを実績と比較していくステップが重要となります。

粗利から「労働分配率に基づいた人件費」と「その他経費」を差し引いた額

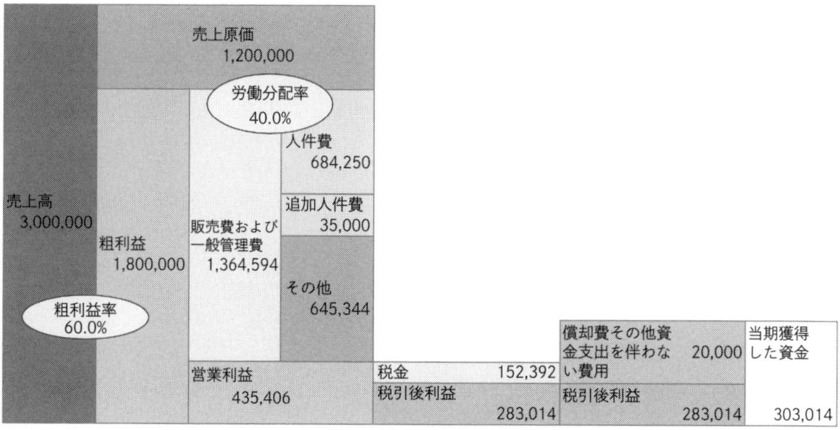

※西順一郎氏の「戦略会計 STRACⅡ」のSTRAC表をベースに，和仁達也氏が考案した図（お金のブロックパズル）。
※売上から営業利益までの収支構造をイメージ化している。
※簡便化のため，営業外損益や特別損益は考慮していない。

が営業利益となり，さらに法人税等の税金を引いた額が税引後利益となります。

⑵ 経理チームの育成の視点

２つ目は，経理チームの育成の視点です。

人事労務チーム・法務チームと並び，経営管理体制構築を考えるときに重要となるのが経理チームです。会社設立当初は経営者が直接，会計事務所と協議して決算作業を進めていくことが望ましいですが，どこかのタイミングで徐々に経営者以外のメンバーに移行していくことになります。

移行に向けて，まずは経営者が決算特有の業務を理解しましょう。決算締めから税金計算・納付までの一連の業務は毎年必要な業務であり，会社の成長とともに重要性も高まっていきますので，経営者は早い段階で概要を理解しておきましょう。これは効率的な経理チームの運営という採算管理の面だけではなく，不正予防の面からも有用です。

経理チーム育成に際しては，会計・税務の専門家の代わりではなく，会計事務所と連携し，社内外のリスクを早期に察知し，本質的な問題を見抜く力をつけることを優先しましょう。問題が明らかとなり，かつ会計事務所と連携できれば，問題の解決案は最先端の知識を持っていてノウハウが蓄積されている会計事務所に選択肢を提案してもらい，決定することが可能です。

このような考え方に立つ場合，経理チームは以下の３つのスキルが必要となります。

- 会計・税務等の業務知識＝テクニカルスキル
- 対話能力＝ヒューマンスキル
- 物事の本質を見抜く能力＝コンセプチュアルスキル

さて，高橋さんからは次のような質問がありました。

Q 決算は，なぜ必要なのでしょうか？

A 主に２つの側面から必要となります。

１つは，経営者が，一定期間の会社の経営成績や財政状態を把握するために必要で，通常は月次決算として行いますが，会社によっては日次決算としているところもあります。これは管理会計と呼ばれ，会社内のルールに従って決算を行います。

もう１つは，会社の関係者に対し，一定期間の会社の経営成績や財政状態を説明するために必要で，主な会社関係者は，社員・取引先（売上先・仕入先等）・借入先・株主・税務署や都税事務所，市区町村役場等の行政機関です。これは財務会計と呼ばれ，企業会計原則等の一般に公正妥当と認められた基準に基づいて決算を行います。通常は年次決算として行います。

なお，法人税等の税金計算は決算書をベースに行いますが，決算書をそのまま利用するものではありません（税法に基づく加減算があります）。

Q 決算書とは，どのようなものでしょうか？

A 決算書は，一般的な呼び方で，会社法では「計算書類」，金融商品取引法では「財務諸表」といいます。決算書は一定期間の会社の経営成績や財政状態を表す書類で，中でも「貸借対照表」「損益計算書」「キャッシュ・フロー計算書」は「財務三表」として重要視されています。

貸借対照表は，一時点の財政状態を示した書類で，右側に会社の資金を調達した方法，左側にその使い道を示します。よって，最終的には左右の数値は同額になります。英語では「Balance Sheet（バランスシート）」と呼びます。

損益計算書は，一定期間の経営成績を示した書類で，一定期間内にどれだけの「収益」をあげ，「費用」をいくら使い，その収益から費用を引いた最終的な「利益」がいくらあるのかを表します。英語では「Profit and Loss Statement（プロフィット&ロスステイトメント）」と呼びます。

キャッシュ・フロー計算書は，一定期間内のお金の流れを表すものです。

三表の関係を示すと，以下の図のとおりです。

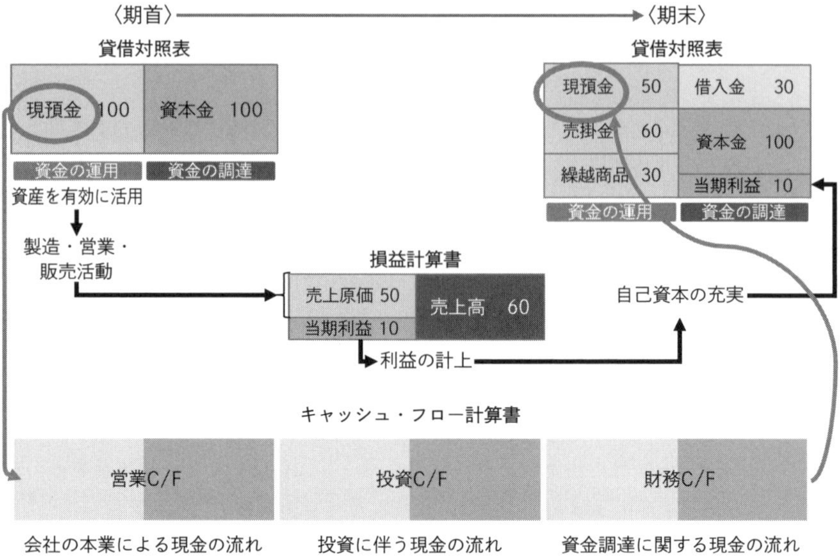

Q 交際費は損金不算入と聞きましたが，損金と費用はどう違うのでしょうか？

A 費用は，たとえば，材料費や旅費交通費等のように，会社における「経済的価値の減少」を指します。前述の損益計算書等の決算書を作る場合には，この「費用」を使います。

これに対し，損金は法人税の計算時に使う表現で，「費用」と対象範囲が少し異なっています。たとえば，「費用」になる「交際費」のうち，「損金」に算入できる「交際費」と「損金」に算入できない「交際費」（＝損金不算入となる交際費）があります。「いつ，いくら損金に算入できるか」は法人税法上，事細かく規定されています。

なお，費用が会社における「経済的価値の減少」を指すのに対し，「経済的価値の増加」は「収益」と呼び，収益のうち，会社本来の営業活動に基づくものを営業収益または売上高と呼びます。本来の営業活動，すなわち本業とは，一般的には会社の定款に「目的」として記載されている事業を指します。そして，収益から費用を引いたものが利益となります。

同じく，法人税の計算において，「損金」の対義語を「益金」と呼び，益金から損金を引いたものを「所得」と呼びます。そして，所得に法人税率をかけて，法人税等の税金を算定します。

費用と損金，収益と益金，利益と所得，ちょっとわかりづらいですが，会社の事業活動において大きな支出となる税金を理解する最初の一歩として，ぜひ覚えてください。

Q 経理関係の伝票や帳票の保存期間を教えてください

A 経理関係の書類は会社法や法人税法により保存期間が定められており，保存期間より以前に破棄した場合は罰則の対象となります。

保存年限については，決算に関連する書類等は10年，取引に関わる書類や給与関係は７年，監査関連の書類は５年となります。特に注意すべきなのは契約書や見積書，注文請書，請求書，さらには領収証といった日々の取引に関わる書類です。これらも保存年限は７年となります。７年のカウントの方法ですが，たとえば，見積書の発行日から７年というわけではなく，発行日を含む決算期末から７年という数え方をしますので，決算期末を過ぎてから処分して差し支えない書類を選別するとよいでしょう。

同じく，人事や労務，総務関係の書類も保存年限が定められている書類がありますので，一定のルールに従って管理することをお勧めします。

これらをふまえて，高橋さんは以下の選択をしました。

（高橋さんの選択）

✓第１期終了の３か月前に，第１期の着地見込みとともに第２期の計画を作成した。

✓第２期損益計画は，売上から講師関連費用を差し引いた粗利の割合を55％とし，さらに労働分配率を40％とした。その他経費500万円を見込み，税引前利益は500万円としている。

✓前記の損益計画を基に，第２期の資金計画も作成し，４教室目の設備投資までは金融機関からの借入等はなくても資金が足りることを確認した。
✓第１期は，売上高2,700万円，税引後利益15,000円で決算を終えた。
✓第１期の決算作業は，天田税理士事務所と２人３脚で取り組み，高橋さんが損益計算書に加えて，貸借対照表の考え方につき理解を深めた。
✓将来の経理チーム育成を見据えて，高橋さんとともに山田さんも決算作業に協力した。

5. 幹部育成への注力

＼STORY／

２期目に突入し，組織として安定させるべく，教室事業は高橋さんの指導のもと，南さんと４月に入社した新人２名（鈴木さんと佐藤さん）の体制で行うこととした。
高橋さんは，将来的には教室事業を南さんに任せ，高橋さん自身は経営の舵取りに集中していきたいと考えている。
社員には10年，20年と継続して勤務してほしいため，働きやすい職場作りと育成に力を注ぎたいと思っている。

経営者１名でコントロールできるメンバーの人数には限界があります。

成長の過程で，どこかで部門（チーム）を分けて経営者以外の部門長が当該部門をコントロールしていくことが想定されます。そのために，早い段階から部門長育成に着手していくことが望ましいです。部門長には，経営の一部を担当してもらうことになるので，さまざまな能力が求められます。

特に，経営者の片腕として経営を担うという面からは経営理念の共有が重要です。さらに経営全般的な能力（経営企画，経営管理）のうち，経営者が主に経営企画的な側面を担当することを想定すると，部門長には経営管理面の能力が強く求められるといえるでしょう。

高橋さんは部門長の育成にあたり，先輩経営者Ｎさんから次のような話を聞いています。

Ｎさんは，15年前にシステム開発会社を創業しています。５年前に幹部の不正が発覚し，社内はズタズタになり，退職者も多数発生しました。

その後，新しいメンバーも入り，少しずつ業績も上向いてきたので，Ｎさんは「経営基盤強化プロジェクト」を立ち上げることにしました。

このプロジェクトには，社長・副社長等の役員だけではなく，将来の幹部候補となるメンバー５人と，さらに外部の会計士・司法書士・社労士にアドバイザーとして参加してもらい，毎月１回定例会議を開きました。定例会議で決定した具体的なタスクは幹部候補の５人がリーダーを担う分科会に落として実行に向けて動いてきました。

１年くらい経過したときに，当該プロジェクトの定例会議を「拡大経営会議」に昇格させ，月次の損益と資金の報告も実施するようにしました。

最初は，受け身であった幹部候補の５人も，会社の大きな動きが理解できるようになり，その中で責任ある業務を任されることから，徐々に積極的に関与するようになりました。

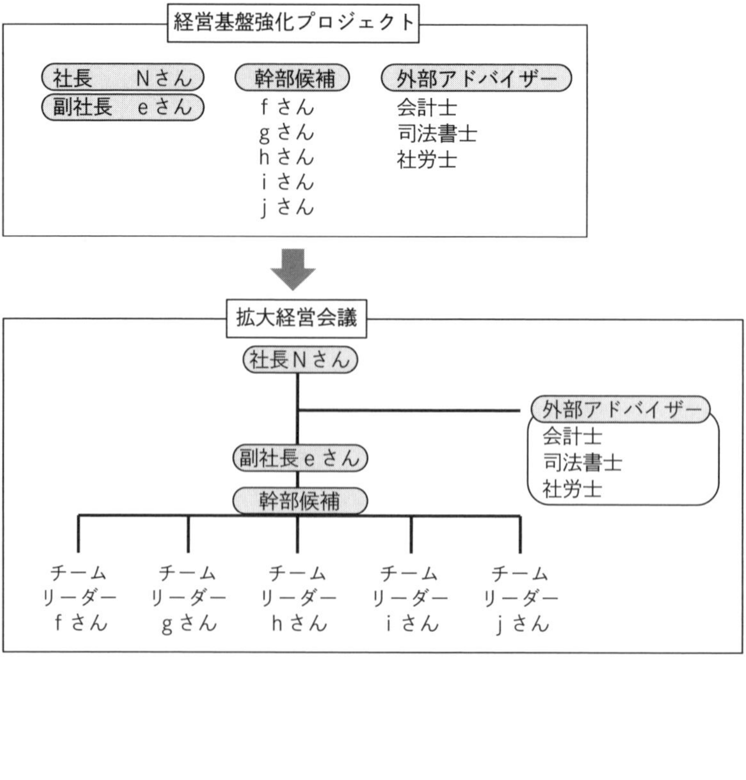

今年は，分科会の１つである「中期経営計画策定分科会」が中期計画を策定するところまで来ました。

このことから，高橋さんは，日常的に行われる会議も，活用のしかたによっては幹部育成に役立つ面があること，また，分科会のリーダー等を任せることで，OJTとしての効果も期待できることを知りました。

Ｎさんの事例をふまえ，ここでは２つのポイントについて取り上げます。

⑴　会議を幹部育成の場として活用する

１つ目は，会議を幹部育成の場として活用することについてです。

会議での議論を通じて経営理念を共有すること，会議の種類や目的に応じて幹部社員の役割を明確にすること，場合によっては外部の専門家等にサポートしてもらうことにより，会議を幹部育成の場とすることができます。

たとえば，パトリック・レンシオーニ著『ザ・アドバンテージ なぜあの会社はブレないのか？』（翔泳社，2012年）では，以下①から④の４種類の会議を推奨しています。

①　毎日のミーティング

時間は10分以内。知っていれば役立つ管理上の問題（スケジュール・イベント・警告事項等）を確認する。

議題はなく，決定が下されることもなく，情報を交換するだけである。

②　週１回の戦術幹部会議

時間は45～90分。あらかじめ議題を決めない。

会議の最初の10分で，各人がその週の最優先課題を説明し，会議の議題を決める。

③　月１回程度のテーマ別会議

時間は２～４時間。組織に長期的影響を及ぼす可能性のある問題や，解決に時間とエネルギーを要する問題を掘り下げる。

④　四半期ごとのオフサイト・ミーティング

時間は１～２日。通常の業務から離れて新しい視点に立つことが目的。主題は戦略アンカーや主題目標の検討，幹部候補の業績評価，業界の変化や競合の脅威に関する議論である。

③のテーマ別会議はプロジェクト運営に近いので，幹部社員にプロジェクトリーダーを任せ，その進捗を客観的に測る指標を設定し，定期的にフォローする等が想定されます。なお，指標は，会社の決算数値と整合するものを採用すると，より効果的です。

その他の会議も目的に応じて，参加するメンバーや時間の長さ，方法等に配慮することで，教育効果を高めることは可能です。

会議が単なる報告の場や経営者の独演会の場となってしまっては，幹部育成にはつながりません。議論を通じて，日常業務から一段上の目線で物事を考えられるようになる，経営幹部として必要な知識や思考方法を身に付けてもらう，といった育成の場となるような配慮や工夫が欠かせません。

「会議は個人の時間も，組織の時間も奪うことになり，その割に大したリターンが得られない」という考えもあります。しかし，組織やチームにとって，メンバーを巻き込み，コミュニケーションを図り，チームへの帰属意識を高めるために，会議は有効な方法です。問題は「悪い会議」「不必要な会議」を放置することです。

⑵　OJTの実施

２つ目は，OJTの実施です。

特に新しいプロジェクトの立ち上げに際しては，意識して幹部候補にリーダーを任せることをお勧めします。

新規事業への足掛かりとして，既存事業を任せられる人材を育成しておくことは重要です。１教室目，２教室目は高橋さん１人で立ち上げたため，他のメンバーにはそのノウハウが共有されていませんでした。

今回の新規教室オープンは，幹部育成のOJTの場として活用するとよいでしょう。思い切って任せる姿勢がなければ，部下の育成はできません。適度に権限を委譲し，ある程度の失敗は許容する姿勢で臨むのが重要です。加えて，プロジェクト運営の中で経営管理の５つの視点「採算管理」「取引先との関係」「社員との関係」「内部者による不正」「経営者による粉飾」を伝えていきましょう。

以上の幹部育成の事項をふまえて，高橋さんからは，次のような質問がありました。

Q　スタートアップ期における幹部人材の選択肢は「外部からの登用」と「内部メンバーの育成」の主に２つですが，それぞれの特徴やメリット・デメリットはありますか？

A　外部からの登用については，即戦力人材を採用できるというメリットがある一方，その幹部候補が会社の文化・社風に馴染めず，浮いてしまう，あるいは他の社員に対して悪影響を及ぼしてしまうという危険性があります。
社内メンバーの育成については，会社の文化・社風には慣れ親しんでいますし，幹部人材として成長すれば他の社員の目標にもなるというメリットがあります。一方で，育成には時間がかかり，会社の成長スピードにマッチしない可能性があります。
どちらが正解ということはなく，両者のメリット・デメリットを考慮して，「外部からの登用」と「内部メンバーの育成」に同時進行で取り組むことをお勧めします。

Q　幹部候補の選抜が難しい場合は，どうしたらよいでしょうか？

A　幹部の選抜というと，営業面で大きな成果を出している人や複数の分野で安定した実績を残した人を選びたくなるものです。しかし，そうした人材はほんの一握りです。経営者の右腕や後継となる幹部候補を選抜する際，自分と同じレベルで仕事ができる人はほとんどいないと思ったほうがよいでしょう。会社の中長期的な姿とそこで求められる幹部の理想像を描き，今後経営を牽引できる可能性を秘めた人材を選抜することが重要です。
また，自分に足りない部分を補ってくれる社員を幹部とするよい機会であるともいえます。1人にすべてを担わせるのではなく，マネジメントチームを作って経営していく会社になることも，選択肢の1つです。

Q 幹部社員が会計知識を身に付ける効果的な方法は？

A 書籍や外部の専門的なセミナーに参加する方法が一般的です。
ほかにも，OJTの一環として，経営幹部が担当している部門やチームの損益計画や資金計画を立案し，その計画数値と実績数値とを比較分析する機会を与えることも有効です。他人の会社の事例ではなく，自社の事例で，普段の営業活動や生産活動が会計数値としてどのように反映されるかを学ぶことは，興味関心もわきやすく，学びの効果も大きいです。しかし，外部セミナーに参加するのに比べ，社内で準備することが増えるので，教育を受ける側だけではなく，教育する側の負担も考慮して実施するかどうかを判断しましょう。

これらをふまえて，高橋さんは以下の選択をしました。

（高橋さんの選択）

✓まずは，月1回経営会議を開催することとし，オブザーバーとして外部専門家にも同席してもらうこととした。

✓第3教室のオープンに際しては，南さんにプロジェクトリーダーの役割を任せた。

Chapter 3

▶Rising

2本柱体制へ

1. 利益から資本への振替による増資

＼STORY／

高橋さんは，増資による財務基盤の安定を図るべきではないかと考えはじめた。
資本金300万円でスタートした株式会社AGATE。結果的には，第１期末で「高橋さんから会社への借入金」が500万円ある状況となっている。
第２期は，売上高約3,000万円，税引前利益で約500万円を想定している。

高橋さんは，先輩経営者Ｏさんから次のような話を聞いています。

Ｏさんは，建設会社を約20年経営しています。Ｏさんの会社は，ここ数年，売上高20～30億円，経常利益４～５億円を安定して稼ぐ優良会社です。Ｏさんは，この会社の事業売却を検討していました。

貸借対照表の純資産も14億円あり，Ｏさんは20億円くらいであればすぐに買い手がみつかると考えていました。しかし，M&Ａの仲介会社経由で買い手を探しましたが，なかなか買い手が現れません。

よくよく理由を聞いてみると，地域性やビジネスモデル上のリスク等もありましたが，「資本金が6,000万円しかないのに，純資産が14億円もあり，かつ業種が建設業ということで，粉飾や不正をやっているのではないか」という疑いを持たれていることも一因のようでした。

そこで，Ｏさんは，調査会社を使って自社を調査してもらい，問題がないことを調査レポートにまとめてもらったり，知人の経営者経由で買い手を探してもらったりと八方手を尽くし何とか，希望価額で売却に至りました。

もう少し早い段階から決算書を整えておけば，また違った展開も期待できたでしょう。

B/S

単位：百万円

流動資産	1,400	負債	600
(内訳)			
普通預金	450	資本金	60
売掛金	400	利益剰余金	1,490
貸付金	400		
その他	150		
固定資産	750		

このことから，決算書，特に資本金及び資本剰余金と，利益剰余金のバランスを整えることで，外部からの印象が変わることを意識しておきましょう。ある程度，会社規模が大きくなったにもかかわらず，資本金があまりに小さい場合等は，事情を理解していない人からは異常にみえてしまうことがあります。もちろん，外部からの資金調達等を行うつもりがなく，取引先からの与信もそれほど問題にならない等，「外部からの目を気にしない」ということであれば影響はありませんが，Oさんのように売却等を検討するときには配慮しておくとよいでしょう。

高橋さんは，Oさんの話もふまえ，増資を本格的に検討することとし，天田税理士に相談したところ，「利益を資本金に振り替える方法」を提案されました。

ここでいう資本金は，高橋さんが会社設立時に振り込んだ資金のことです。そして，このお金を元手に稼いだのが利益です。

その利益を資本金に振り替えること，すなわち，「利益剰余金の資本組入れ」は無償増資とも呼ばれ，100％株主である経営者が追加の資金支出を伴うことなく増資できる方法です。

この「無償増資」を実施する際に考慮するポイントを２つみていきましょう。

(1) 将来の外部からの資金調達に与える影響

1つ目は，将来の外部からの資金調達に与える影響です。外部からの資金調達を受け入れる前に，利益剰余金の資本組入れにより1株当たりの資本金額を少しずつ上昇させておくことは，地味な方法ですが，将来的な外部からの増資の際にプラスの効果があります。

投資家が出資する際には，企業価値や株式価値を算定します。イメージとしては下図に示すように，事業価値と事業外資産（事業に直接関係ない資産）を足したものを企業価値とし，それから有利子負債を引いたものを株式価値（≒自己資本）と捉えます。

したがって，自己資本を積み上げておくことは非常に重要です。

さらに自己資本の中でも，資本金は既存株主が直接資金拠出した金額を示すため，具体的な出資条件（1株当たりの出資額等）に少なからず影響します。

資本金300万円の会社に3,000万円を追加出資する場合と，資本金2,500万円の会社に3,000万円を追加出資する場合とでは，前者のほうが後者よりも経営者等の既存株主の持株比率が低くなってしまうことが多いです。

(2) 与信への影響

2つ目は，与信への影響です。取引先があなたの会社の与信を審査する際には，通常，帝国データバンクや東京商工リサーチ等の信用調査会社の評点を参考に判断しています。

しかし，設立５年以内の会社の場合，それほど評点に差が出ませんので，新規取引先審査の与信は，審査対象会社の資本金で判断するケースが多いです。したがって，与信審査を受ける側としては，資本金の金額が大きいほうが有利となります。

ただ，資本金１億円を超えると税務上のデメリットが増えますので，数年以内に１億円を超えないように，かつ今後の増資の余地を残すことも考慮して，まずは2,500万円程度を目安にすることをお勧めします。

COLUMN

資本金と資本準備金

資本金は１億円を超えると実質的に大企業扱いとなり，税務面で中小企業として優遇されなくなります。株式会社の増資に際しては，増資金額の半分は資本金にする必要がありますが，残る半分は資本準備金として計上することが可能です。

スタートアップ企業は，外部資本が入ると，意外とあっさりと資本金１億円を超えてしまうことがありますので，「株式会社の増資に際しては，増資金額の半分は資本準備金とすることは可能」を念頭に，資本政策を検討しましょう。

以上をふまえて，高橋さんからは，次のような質問がありました。

Q 資本金と資本準備金，その他資本剰余金の違いを教えてください

A 「資本金」は前記のとおり株主が払い込んだお金で，会社法の規定により，株式会社の場合，そのうちの１/２までは資本金とは別に「資本準備金」とすることができます。資本準備金は資本金ではありませんが，適当な時に資本金へ振り替える原資とすることが可能です。資本準備金は，自己資本の一部を占めることから実務的には資本金とほぼ大差はありません。ただ，税務上は

（資本準備金ではなく）資本金の額を基準として「課される税金」が変わりますので，株主が払い込んだお金の一部を資本準備金として計上するのはスタートアップ企業にとっては妥当な判断といえるでしょう。
なお，会社法上，資本金や資本準備金に類似する科目として「その他資本剰余金」があります。これは，会計上，事業活動によって生みだした利益か，株主からの出資等の資本取引から得たお金かを明確に区分するためのもので，その他資本剰余金となるのは，次のようなものです。

- 資本準備金の取り崩し額
- 自己株式処分差額（自己株式を譲渡した際の差損益）
- 組織再編における増加資本のうち，資本金や資本準備金に組み入れなかった金額

Q 減資について教えてください

A 減資は，資本金の額を減少させる手続のことです。あくまでも資本金の額であり，株式数を減少させることは含まれていません。一般的には業績悪化や事業縮小の際に検討することが多いです。
会社財産の流出を伴う有償減資の場合は，単に減資した分が会社財産の減少となります。また，会社財産の流出を伴わない無償減資の場合は，会社財産の減少はありません。
減資のデメリットは，信用力の低下を招くリスクがあることです。一方でメリットは，過去の損失（繰越利益剰余金のマイナス）と資本金の相殺によって累積赤字の一部または全部を解消し，貸借対照表の見た目を整えられることです。加えて，資本金１億円を境に各種税金の扱いが変わることから，減資をすることで節税効果が得られることもメリットといえます。
減資は株主や債権者への影響が大きいため，増資に比較して手続が厳格です。原則として株主総会の特別決議や債権者保護手続としての公告が必要です。
減資実行に際しては，取引先に知られるリスクがあるということを念頭に，主要な取引先や借入先，外部株主等の利害関係者に事前に根回しすることをお勧めします。

また，可能な限り，設立当初から中期的な資本政策を立案し，不要な減資を回避することが望ましいです。

Q　会社の財務体質をみる指標を教えてください

A　財務分析の指標としては，売上高や営業利益等損益計算書（P/L）の勘定科目から算出する収益性・生産性・成長性とともに，貸借対照表（B/S）の勘定科目から算出する安全性，B/SとP/Lの掛け合わせで算出する活動性の４つまたは５つのポイントがあるとされます。収益性・生産性・成長性はそれぞれ，売上高営業利益率・労働生産性・売上高成長率等が代表的な指標です。安全性は流動比率や自己資本比率といったストック分析と，キャッシュ・フロー計算書（C/F）で求められる営業・投資・財務のキャッシュ・フロー分析で測ることができ，有利子負債の返済をはじめとする企業の支払能力を測る指標として重視されます。活動性は資本や資産を効率的に活用し経営を行えているかを測るもので，総資本回転率・固定資産回転率・売上債権回転率等が代表的な指標です。

ちなみに，自己資本利益率はROE（Return on Equity）とも呼ばれ，株主が出資した資金を，企業がどの程度効率よく利用し収益につなげているか，つまり経営効率を示す指標とされています。これは上述の「収益性」と「安全性」と「活動性」の指標を組み合わせたものです。

ROE＝当期利益／自己資本

＝（当期利益／売上高）×（売上高／総資産）×（総資産／自己資本）

＝（当期利益率＝収益性の指標）×（総資産回転率＝活動性の指標）×（自己資本比率＝安全性の指標）の逆数

となります。

これらをふまえて，高橋さんは以下の選択をしました。

（高橋さんの選択）

✓第２期決算終了後に，高橋さんからの借入金500万円と利益200万円を資本に振り替えることにより，資本金300万円から1,000万円に増やすとともに，役員報酬を増額し，次の増資引受に備え，高橋さん個人として貯金することとした。

2. 新規事業の立ち上げ

＼STORY／

株式会社AGATEの事業基盤は相変わらず不安定な状況が続いていた。高橋さんは事業を２本柱とすることで，経営を安定させようと考えた。
そして，新たにゲームクリエイターの新しい価値を創出するゲーム受託制作事業をスタートすることとした。多くは受託となるが，事業成長後にはプログラミング教室の生徒たちが創作したゲームをリリースすることも視野に入れている。
さらに，２本の事業にそれぞれブランド名をつけることとした。プログラミング教室事業のブランド名は「ユメノアジト」とし，ゲーム受託制作の事業名は「SuBAL」とした。

高橋さんは，先輩経営者Ｐさんから次のような話を聞いています。

Ｐさんは，10年間システム開発会社を経営しています。Ｐさんの会社は，現行サービスで順調に業績を伸ばしてきましたが，５年前に現行サービスとは全く異なる新サービスの開発も手がけはじめました。

新サービスも，Ｐさんが創業時から温めていたビジネスモデルであり，満を持してプロジェクトをスタートさせました。しかし，思いの外，開発に時間を要してしまい，さらにサービス自体も，今まで存在していなかった市場を創造することからはじめる必要があるため，セミナー等での普及活動に時間を要しました。

それでも，経営者のＰさんが先頭に立ち，粘り強くサービスをお客様のニーズに合わせて微調整しつつ，販売促進活動も継続することで，最近ようやく毎月の売上で関与するメンバーの人件費を賄える水準になってきました。

Pさんの会社展開

5年前	新サービス　α版リリース
4年前	β版リリース
3年前	本格的に営業開始（サービス1.0リリース） セミナー等での普及活動
2年前	営業人員の増員（サービス1.1リリース）
1年前	開発人員の増員
本　年	単月黒字達成

高橋さんは，5年でこの水準まで持ってきたことについて素晴らしいと思う反面，新規事業の立ち上げは多くの時間とコストを要することを再認識しました。

また，高橋さんは，建設業の経営者であるQさんから，現在展開している解体工事事業は，他社から買収したものであると聞きました。

Qさんは，3年前に経営者仲間から事業売却を検討している会社があることを聞き，ちょうど新規事業を模索していたので，詳しい話を聞くことにしました。

対象会社の財務内容は「売上25億円で営業利益4億円，金融機関からの借入はなく，現預金は8億円」というもので，売却希望価額は25億円でした。

Qさんは，事業内容を聞き，現地も確認し，既存事業との相乗効果で売上を2倍にできると考えました。さらに「売却希望価額の一部は，購入時ではなく，購入後の売上見合いの業務委託料として支払う条件」を受け入れてもらい，投資額の回収期間が2年で収まることを確認し，買収を決断しました。

この話を聞き，高橋さんは，新規事業の立ち上げ方法として「他社から事業を買収する」選択肢もあることを知りました。

ここでは，PさんやQさんの事例もふまえ，主に採算管理の視点を考慮し，

２つのポイントを取り上げます。

(1) シミュレーションを実施する

１つ目は，新規事業開始前に，ビジネスモデルの確認も含めて，損益計画，さらに資金計画のシミュレーションを実施することです。事業意欲の旺盛な経営者であれば，日常的にいろいろな事業プランを模索していると思います。Chapter 2でも説明したとおり，少なくとも今後１年間，M&Aなどで他社から事業を買収する場合は，２年間の損益と資金について，月別推移形式でシミュレーションしてみることをお勧めします。頭の中で想定していたよりも多くの気づきがあるはずです。特に資金は「月の半ばでの資金の底がいくらになるか」を意識して，売上代金の入金タイミングや給与，業務委託費等の支払タイミングを再確認してみましょう。

(2) 失敗することを想定しておく

２つ目は，失敗することを想定しておくことです。失敗したときに致命傷とならないように，準備しておくことが大切です。会社の安定的な成長のためにも新規事業に取り組むべきですが，なかなか成功が難しいことも事実です。創業時のように経営者が率先して働く覚悟で臨んだとしても，計画どおりに進行するケースは稀です。また，経営者以外の社内メンバーや外部に委託して新規事業を立ち上げ，成功を収めるということは，それ以上に低い確率となるでしょう。

したがって，万が一のときの損失や影響を最小限に抑えるためにも，計画どおりに進まない場合にどうするかをシミュレーションしておくことこそが重要です。少なくとも次の事項は想定しておきましょう。

① 経営者が既存事業に一定期間，携われなくても（経営者が新規事業に専念しても），既存事業は運営していける体制になっているか？　あるいは今後その体制に変更できるか？

② どのような状態になったら撤退するか？　新規事業の撤退ラインを決

めているか？

③ 撤退時の具体的な対応，特に社員雇用するメンバーの処遇を想定しているか？

新規事業に関しては，ソフトバンクグループの孫正義氏も「7割の勝率のところで進んでいく」「3割以上のリスクは冒してはならない」という考えを述べています（出典：板垣英憲『孫の二乗の法則 孫正義の成功哲学』（PHP研究所，2011））。同社が実施するM&Aは金額の大きさにばかり目を奪われがちですが，特筆すべきは撤退するライン，言い換えると許容できる損失を明確に定めている点です。ファーストリテイリングの柳井正氏も『一勝九敗』（新潮社，2006）の中で，新規事業はそのような確率（一勝九敗）でしか成功は得られないと話しています。稀代の起業家，経営者であっても新規事業への参入は難しいのですから，資金力に劣るスタートアップが新規事業で成功するのは至難の技です。強い覚悟が必要でしょう。

新規事業への進出のタイミングを見計らいつつ，それまでは既存事業を磨いていきましょう。

新規事業の立ち上げについて，高橋さんからはさらに次のような質問がありました。

Q 新規事業分野をどう探したらよいのでしょうか？

A 新規事業として何を手がけるのか。多くは既存事業に隣接した分野への進出を選ぶものです。しかし，一口に隣接した分野といっても多様な領域があります。たとえば，メルカリはスマホ決済を手がけていますが，中古品の売買仲介事業と捉えるとリアルの質屋も隣接分野といえますし，スマホを介したCtoCビジネスという側面から考えれば，個人間でのスキル交換を手がけるサービスの可能性もあったかもしれません。

このように，新規事業として何を手がけるかを検討することは，自社のビジネスをどのように捉えているか再認識することと表裏一体といえます。既存事業を横展開する，川上あるいは川下方向に進出する，既存顧客から全く別の事業で売上を得る，社内のリソースを別の方法で稼働させて商売する等，さまざまな角度から検討する必要があるのです。

このような考え方からいくと，高橋さんは講師というリソースにフォーカスして新規事業を立ち上げるようですが，教室の空き時間というリソース活用を目指す新規事業もあるかもしれません。さらに，プログラミング教材を市販して教室に通えないターゲットから収益を得る，リアルな教室にとらわれないオンラインでの教室展開という新規事業も可能性がありそうです。また，プログラミング以外の子どもの習い事に参入することもできるでしょう。視点を変えることで隣接分野は多岐にわたるようになるのです。自社の社員や設備といったリソースに加えて，取引先や売買チャネルまで並べてみると気づきが多いです。

さらに，隣接していなくても，経営者自身や幹部が過去に携わった仕事で強みを発揮できるのならば，それも新規事業の候補となり得ます。

Q 新規事業開発を検討する方法はありますか？

A 月並みですが，競争戦略で一般的なSWOT分析やファイブフォース分析といったフレームワークを活用して検討を進めることがお勧めです。自社の強みについ焦点を当てがちですが，新規事業の参入を考える企業はほかにいくらでもあります。メルカリのスマホ決済を例に取れば，YahooやLINEといったIT企業はもちろん，通信キャリアや小売業といった全くの異業界のプレイヤーが競合として参入しています。すでにいるプレイヤー，あるいはまだ見ぬプレイヤーに対して自社としてどういう差別化を図り，競争していくかという戦略が重要になります。

そうなると，自社の強みや競合の参入等を勘案しつつ，たとえば，前記の孫氏のように勝率７割・リスク３割のような視点で新規事業を選び取る視点が求められます。また，数年は順調に成長できたとしても資本力の大きい競合が参入する可能性もあり，中長期的な収益機会を検討することが必要になってきます。

Q 新規事業から撤退することになったら，どうしたらよいでしょうか？

A 新規事業の撤退ラインは，３年間といった期限とともに，「黒字に転換」あるいは「赤字額が設定したリミットに到達」などのように具体的に決めておきましょう。思い入れを持った事業だと判断を先送りさせがちですが，大事なのは新規事業の成否よりも会社の存続です。経営者として意思決定の責任を果たすためにも，参入時に撤退条件を考えておかなければなりません。

そして，その撤退ラインに到達したら即撤退すべきです。とはいえ，拙速に撤退すればよいわけではなく，新規事業に関わる社内の人材や取引先等さまざまなステークホルダーに迷惑がかかることは自覚しておきましょう。運良く同業者が事業を買収したり，または譲渡を受け入れてくれたりする場合は，取引先への影響は最低限にとどめられます。

しかし，社員に関してはどのようなケースであっても大きな影響を及ぼします。同業者への事業譲渡の場合，その同業者が人材も引き受けてくれるとは限りませんし，引き受けてくれるとしても社員が同意しないことも考えられます。純粋な撤退のケースも含めて，新規事業に関わる社員を既存事業に配置転換する必要があったり，もしかしたらリストラしなければならなくなったりするわけです。どういう結果でも，社員に不本意な選択を迫ってしまうことは念頭に置いておきましょう。加えて，先行きが不透明な中，撤退に関わる取引先への対応等の仕事も社員が担うとなると，その社員に大きなストレスをかけることにも配慮しなければなりません。

Q M&Aで他社から事業を買収する際に留意することは何でしょうか？

A M&Aの基本的な流れを理解するとともに，「自社とのシナジー効果」と「投資の回収期間」に留意することをお勧めします。

M&Aの基本的な流れ

①秘密保持契約書→②意向表明書→③基本合意契約書→④最終契約書

まず①「秘密保持契約書」を締結し，案件の情報を入手します。

その情報をもとに検討し，買収を希望する場合は，売り手企業に対し②「意向表明書」を提出します。

意向表明書には，「（買収を希望する）自社の概要」「希望する株式譲渡の価額」「本件買収を希望する理由や目的」「本件成立後の（対象会社の）代表者，その他役員，社員の処遇について」「買収資金の調達方法」「本件取引完了までのスケジュール」などを記載します。
売り手企業が意向表明書の内容を了承すれば，さらに詳細な協議を進め，③「基本契約書」を締結します。そして，事業・法務・財務面の詳細調査（デューデリジェンス）を経て，④「最終契約書」を締結します。

「自社とのシナジー効果」
これは，買収金額の算定に大きな影響があります。例えば，ごみの収集運搬会社を買収する場合，その会社の単独の価値が「１」だとして，その会社が収集したごみを再利用できるメーカーが当該会社を買収すると「ごみの廃棄コストがなくなり，かつ，ごみを製品化して販売する利益も見込める」ことになるため，その会社の価値は「１＋α」となります。

「投資の回収期間」
Chapter 2の「設備投資」の項でもお話ししたとおり，一昔前であれば投資にかかる支出を３～５年以内に回収できればいいという考え方が一般的でしたが，最近は市場動向が急激に変化する傾向もみられるため，投資資金の回収期間が長くなることによるリスクを慎重に検討しましょう。できれば２年以内の回収を目処にしておくことをお勧めします。

これらをふまえて，高橋さんは以下の選択をしました。

（高橋さんの選択）
✓新規事業としてゲーム受託制作事業を立ち上げることを決断した。
✓子ども向け教室事業の第３教室も会員数が順調に増加しているので，「当初２ルーム，追加で２ルーム」計画の「追加２ルーム」を前倒しで実施することとした。

✓本社機能を飯田橋に移転し，既存事業は南さんに責任者として対応してもらうこととした。
✓新規事業は当初，外部委託を中心とし，雇用は慎重に人選して進めることとした。

3. 部門別損益管理

\ STORY /

現状，AGATEは月次決算を実施しておらず，年度決算は会計事務所に委託している。高橋さんは，経営の安定を図る意味でも，資金管理を精緻化したいと考えるようになった。
また，事業を２本柱とすることで，部門別の損益も把握する必要が出てきた。

最初に，人材サービス事業で，売上約25億円，社員数約80名の会社の部門別損益管理の事例を紹介します。同社は，会社設立してから15年が経過し，現在は，派遣事業と紹介事業の２つの事業を展開しています。

組織は，派遣事業部と紹介事業部の下にそれぞれ３つの課を配置し，さらに大阪と名古屋に支店を有しています。支店は派遣事業と紹介事業の両方を担当しています。

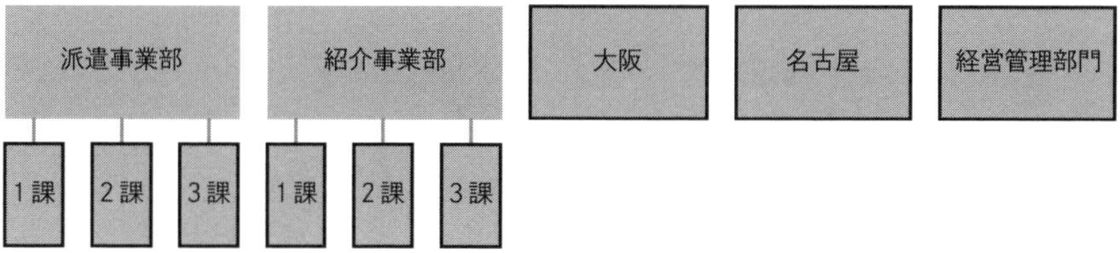

予算は，６つの課と大阪・名古屋と経営管理部門の９つの単位で策定しています。

具体的な策定方法は以下のとおりです。

- 「売上」と「部門に直接関連づけられる費用（人件費・旅費交通費・会議費・交際費等）」は，部門に賦課する。
- 課には関連づけられないが，事業部に関連づけられるものは，派遣事業部あるいは紹介事業部の事業部共通費として賦課する。
- 経営管理部門の費用は，２つの事業部共通費に配賦する。配賦基準は，費用科目ごとに定めた基準（人件費は月末社員数の比・地代家賃は面積比等）に従う。
- 経営管理部門の費用を配賦した後の事業部共通費は，その配下の課と２つの支店に月末社員数の比で配賦する。

実績は，予算と同様に部門別に策定していましたが，現行の会計ソフトで２段階配賦ができず，１段階配賦して，その後エクセルに展開して，２段階目の配賦を実施しています。

しかし，実績集計に多大な時間がかかり，かつ，費用科目別に予算実績差異を分析しても，結果的に部門ではコントロールできない費用が多いという問題がありました。「それでは意味がないのではないか」ということになり，抜本的に以下の見直しを行いました。

- 「売上」と「課（または支店）で直接コントロールできる費用（人件費・旅費交通費・会議費・交際費等）」は課（または支店）に賦課する。
- それ以外は部門共通費として経営管理部門に集計し，経営管理部門に集計された費用は売上高の比で，各課および各支店に配賦する。

  ※売上総利益の比での配賦も検討したが，売上高に比較して毎年のブレが大きいことと，目標数値として，共通費配賦前の利益を重視することから，簡便な方法として売上高の比での配賦を選択した。
- 各課および各支店は，共通費配賦前の利益を目標数値として予算実績差異分析を行う。
- 各課および各支店は，「売上」と「課（または支店）で直接コントロールできる費用（人件費・旅費交通費・会議費・交際費等）」に関しての予実コメントだけを記載する。

- コメントは，予算との差異理由を全社で共有することを目的として記載する。各課の利益を競わせることはせず，あくまでも全社最適を優先し，部分最適を排除する。

この事例から，部門別損益管理は，全社ベースの採算を良くするために行うことを念頭に置き，やりすぎないことが重要であると言えます。また，予算だけを部門別に細かく策定しても，実績を集計できない，あるいは適時に実績と対比できないと効果が半減します。

高橋さんは，前記の事例もふまえ，部門責任者を決めて，当該部門を任せるタイミングで，部門別損益管理をスタートすることにしました。

部門別損益管理をはじめるにあたり，経営管理面で気をつけたいポイントをみていきましょう。

(1) やりすぎないこと

１つ目は，やりすぎないことです。部門別損益管理は部門の業績を把握し，次の戦略・戦術を考えるうえで有用ですが，部門はあくまでも全体の一部であり，部門損益も全体の損益の一部として，全体損益との関係の中で押さえておくことが重要です。

部門別損益管理をやりすぎると，部分最適を重視し，全体最適での行動がおろそかになりがちです。部門別損益管理に要する費用と，その効果も考慮して，やりすぎないように留意しましょう。

当初は，部門に直接紐づけできる売上と費用を優先し，部門間接費（部門に直接紐づけできない費用）は１段階配賦にとどめることをお勧めします。部門間接費は事務所家賃等の共通費や管理部門の人件費などが主なものなので，細かく配賦基準を定めて各部門に配賦しても，結果的に採算管理に活きる原因はみつからないことが多いです。むしろ，間接費の多寡あるいは要否判断には操業率等の設備の稼働状況を図る指標（KPI）が有効です。

高橋さんは，事業を教室事業，ゲーム受託制作事業，経営管理部門（部門共通費を含む）の３つに区分し，さらに教室事業に関しては，教室別に売上と原価（講師報酬関連）を集計することとしました。そして，経営管理部門（部門共通費を含む）の費用は，教室事業とゲーム受託制作事業の売上高比で，両部門に配賦することを検討しました。

第２期の着地予想数値を基にした部門集計イメージは下図のとおりです。

Ⅲ 第２期着地予想数値

単位：百万円

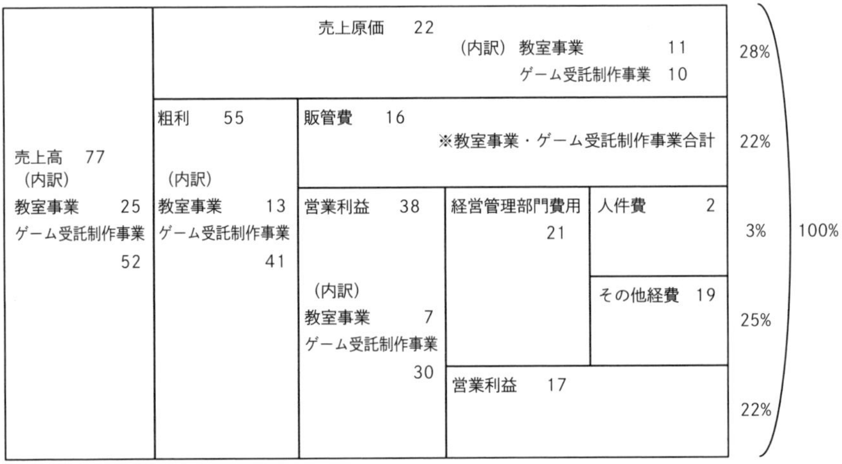

Ⅲ 第２期着地予想数値に基づく部門集計

単位：千円

	教室事業	ゲーム受託制作事業	経営管理部門 （部門共通費を含む）	合計
売上高	25,402	52,158	0	77,560
売上原価	11,623	10,432	0	22,054
売上総利益	13,779	41,726	0	55,506
売上総利益率	54.24%	80.00%		71.56%
販管費-人件費	2,666	5,978	2,260	10,904
労働分配率	19.35%	14.33%		19.64%
売上高人件費率	10.50%	11.46%		14.06%
販管費-その他経費	3,117	5,017	19,010	27,144
売上高その他経費率	12.27%	9.62%		35.00%
営業利益(共通販管費の部門配賦前)	7,996	30,731	▲21,270	17,458
営業利益(共通販管費の部門配賦前)率	31.48%	58.92%		22.51%
共通販管費の部門配賦（注1）	6,966	14,304		
営業利益	1,030	16,427		17,458
営業利益率	4.06%	31.50%		22.51%
	27.42%	27.42%		

（注１） 経営管理部門費用は，部門売上高の比で按分

	A教室	B教室	C教室	教室計
売上高	16,176	2,636	6,591	25,402
売上原価	6,587	1,390	3,646	11,623
売上総利益	9,589	1,246	2,945	13,779
売上総利益率	59.28%	47.27%	44.68%	54.24%

(2) 予算と実績との比較を必ず実施する

２つ目は，予算と実績との比較を必ず実施することです。部門予算の集計科目と部門実績の集計科目が異なるため，結果的に予算（あるいは計画）と実績の比較分析ができず，次年度の予算策定に活かすことができない，責任の所在が不明確等の状況になってしまうということはよくあるケースです。部門予算は，実績と対比して要因を分析することで精度が向上します。また，部門ごとにどのように計画し，結果どのような実績となったかを把握することで責任もより明確になります。下記のような「月次予実分析資料」を作成し，毎月の経営会議で報告することも一案です。

Ⅲ 教室事業 第3期 5月度部門予実分析表

単位：千円

	通期	累計			単月			
	着地予想	予算	実績	前年同月	予算	実績	予実差異	予実差異理由と対応策
売上高	35,000	6,000	6,100	4,232	3,000	3,050	50	春のキャンペーンの効果で，想定よりも８名多い新規会員を獲得した。
売上原価	15,750	2,700	2,745	1,910	1,350	1,372	22	講師メンバーへの配分率は，予算どおりである。
売上総利益	19,250	3,300	3,355	2,322	1,650	1,678	28	
売上総利益率	55.00%	55.00%	55.00%	54.87%	55.00%	55.02%	0.02%	
販管費-人件費	4,813	500	500	453	250	250	0	予算どおりである。
労働分配率	25.00%	15.15%	14.90%	19.51%	15.15%	14.90%	-0.25%	
売上高人件費率	13.75%	8.33%	8.20%	10.70%	8.33%	8.20%	-0.14%	
販管費-その他経費	4,200	530	500	519	260	250	▲ 10	通期では，ほぼ予算どおりとなる見込みである。
売上高その他経費率	12.00%	8.83%	8.20%	12.26%	8.67%	8.20%	-0.47%	
営業利益(共通販管費の部門配賦前)	10,238	2,270	2,355	1,350	1,140	1,178	38	
営業利益(共通販管費の部門配賦前)率	29.25%	37.83%	38.61%	31.90%	38.00%	38.62%	0.62%	

部門別損益管理は幹部育成ツールの１つにもなります。部門の１担当者からステップアップして部門全体をみる，将来的には子会社全般，そしてグループ全般をみる練習台として，部門全体を捉える，森をみる経験を積ませる手段として活用できます。

また，その結果から幹部や管理職の業績連動部分の報酬の算出根拠とすることも可能です。一方で，繰り返しになりますが，部門別損益管理を徹底しすぎると部分最適に陥り，担当部門を抱え込み，ブラックボックス化させてしまう幹部もいます。部門別損益管理は，部門の信賞必罰のためのものではなく，あくまで全社の収益を把握するためのものです。部門ごとにブレイクダウンし，原因を究明し，改善するために実施すると考えましょう。

さらに，高橋さんからは次のような質問がありました。

Q 財務会計と管理会計の違いを教えてください

A 財務会計は株主や金融機関といった外部に報告するための会計です。金融商品取引法，会社法等の法律や（企業会計原則や企業会計基準委員会が設定した会計基準に代表される）一般に公正妥当と認められる会計基準に基づいて作成されます。貸借対照表，損益計算書，キャッシュ・フロー計算書といった決算時に作成する財務諸表等は，財務会計のための資料に相当します。

一方の管理会計は，経営に活かすために作成する社内向けの会計です。経営者は管理会計を基に，自社の経営について分析したり意思決定を行ったり，戦略や戦術を検討するのが通常です。基本的に社内で使用するため，「一般に公正妥当と認められる会計基準」などに従う必要はなく，自社の状況に応じた会計情報を集めて分析しやすいように整理してかまいません。そのため，一般に「管理会計＝財務会計」とはなり得ませんが，あくまで経営に資するのが管理会計であると考えましょう。管理会計を行うメリットは，業績やコストの管理がしやすいことが挙げられますが，社内向けのため外部からのチェックが十分ではない可能性も考慮しましょう。

また，財務会計では売上原価に人件費の一部を振り分けるケースもありますが，管理会計は「一般に公正妥当と認められる会計基準」に忠実である必要はないので，簡略化して差し支えありません。同様に，財務会計上の仕掛品は「原価計算基準」に従って計算しますが，管理会計上は自社独自の原価計算ルールに従い，計算することが可能です。

これらをふまえて，高橋さんは以下の選択をしました。

（高橋さんの選択）

✓第３期の予算策定から部門別損益管理をスタートすることとした。

✓家賃や役員報酬等の経営管理部門費用（部門共通費を含む）は，部門売上高の比で按分する方法を採用することとした。

✓毎月，予算と実績とを比較し，気になる点を改善していくこととした。

4. 第2期決算を締める

＼STORY／

２月に差し掛かり，株式会社AGATEの第２期が終わろうとしている。
新規事業としてスタートしたゲーム受託制作事業は，早々に案件を受注。
第２期の売上として計上された。
そのため，第２期の着地予想は約1,700万円の税引前利益となる見込みである。
この獲得した資金は，次期に有効活用したいと考えている。

最初に，他社事例として，小売店舗に端末機材と操作用のソフトを貸し出す事業を展開しているＲさんの会社をみてみましょう。

Ｒさんの会社は，売上が３億，４億，５億円と年々増えていました。利益も実質的には3,000～5,000万円程度は出ていましたが，税金を減らすために，多額の生命保険に入って，ほとんど税金を払わないようにしていました。

ビジネスモデルは，Ｒさんの会社が資金を銀行から借り入れて購入した端末機材，あるいはリース会社からリースした端末機材を小売店舗に貸し出し，毎月レンタル料を収受するというものです。

年を追うごとに売上高が増え，リース残高も増えていることから，年々リースの枠が取りづらくなり，成長のボトルネックになりつつありました。当時の決算書をみると，総資産５億円のうち，リース資産が２億7,000万円，負債のうちリース債務が２億8,000万円，銀行借入7,000万円，資本金5,000万円，利益剰余金1,000万円という状況でした。

このままでは成長が止まってしまうと考え，Ｒさんの会社は商社から端末機材をレンタルし，小売店舗に自社のソフトを付帯して貸し出すこととし，リース資産とリース負債を減らすことにしました。

また，生命保険は，事業リスクに見合う必要最低限に減額し，利益を出し，税金を払い，残った利益から借入金の返済を行いました。

だんだんと成果は出て，５年後には総資産４億円のうち，現預金が２億円，負債のうち銀行借入6,000万円，資本金5,000万円，利益剰余金２億円となりました。

改善前　B/S　単位：百万円

資産	金額	負債・純資産	金額
リース資産	270	リース債務	280
その他	230	銀行借入	70
		その他	90
		資本金	50
		利益剰余金	10

↓

改善後　B/S

資産	金額	負債・純資産	金額
現金預金	200	リース債務	0
リース資産	0	銀行借入	60
その他	200	その他	90
		資本金	50
		利益剰余金	200

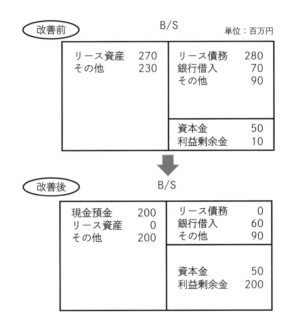

この事例からもわかるように，会社の成長にしたがい，損益と資金がどのようなトレンドで動くかを確認するために「３～５年程度の損益および資金計画」を作成し，決算のタイミングで見直していくことが重要です。また税金に対するスタンスも，経営者が実現したいことを見据え，早い段階で決めておくことが大切です。

Ｒさんの事例もふまえ，第２期決算を締めるにあたり，気をつけたいポイントとして，次の２点をみていきましょう。

⑴　必要な資金目標を設定する

１つ目は，３～５年程度の中期の損益と資金のシミュレーションを行い，必要な資金目標を設定することです。

最初にお話ししたとおり，売上が増えれば，勝手に利益も資金も付いてくるというのは幻想です。売上と同様に，利益と資金に関しても，目標を設定しコントロールしなければ増えません。

第１期のときと同様に決算の３か月前くらいに第２期の着地予想を算定しましょう。その後，今回は，第３期だけではなく，第３期～第５期までの損益計画を試算してみましょう。

まずは次の図のように，部門別に第１期の実績数値と第２期の着地予想数値を並べ，その横に第３期～第５期までの数値を記載します。その際に，目標とする売上総利益率（粗利率）と労働分配率を意識しながら全体感をつかみます。

その後，第３期に関しては月別推移形式で損益，そして資金計画を作成してみましょう。

成長志向の高い経営者であれば，会社が成長する過程で売上が増加し，運転資金が意外と不足すること，人材採用や新規投資資金も不足しがちであることに気づくのではないでしょうか。

高橋さんは，教室事業とゲーム受託制作事業に関して，第１期の実績数値と第２期の着地予想数値を並べ，その横に第３期～第５期までの数値を記載しました。

教室事業は，売上総利益率（粗利率）は55％を，労働分配率は将来的に40％まで引き上げることを目標として計画してみました。

また，ゲーム受託制作事業は，第３期から人材採用を積極的に進める想定としました。第２期の比率と大きく変動するため，モデルとなるプロジェクトを想定し，そのプロジェクトの売上総利益率（粗利率）と労働分配率を基に，「目標とする売上総利益率（粗利率）と労働分配率」を算定しています。第３期の売上総利益率（粗利率）は80％を，労働分配率は当面60％を目標とし，その後，第３期の労働生産性をあげて58％まで下げることを目指します。

Ⅲ 計画シミュレーション（全社）

単位：千円

	第１期実績	第２期着地予想	第３期	第４期	第５期
売上高	27,590	77,560	135,000	170,000	225,000
売上原価	8,715	22,054	35,750	46,500	63,750
売上総利益	18,875	55,506	99,250	123,500	161,250
売上総利益率(粗利率)	**68.41%**	**71.56%**	**73.52%**	**72.65%**	**71.67%**
教室事業及びゲーム受託制作事業販管費	6,882	16,778	65,013	78,790	102,600
営業利益(経営管理部門を除く)=A	11,993	38,728	34,238	44,710	58,650
経営管理部門-人件費=B	1,800	2,260	2,054	2,683	3,519
労働分配率(B÷A)	15.01%	5.84%	6.00%	6.00%	6.00%
売上高人件費率	6.52%	2.91%	1.52%	1.58%	1.56%
経営管理部門-その他経費	9,996	19,010	20,250	21,250	21,375
売上高その他経費率	36.23%	24.51%	15.00%	12.50%	9.50%
営業利益	196	17,458	11,933	20,777	33,756
営業利益率	0.71%	22.51%	8.84%	12.22%	15.00%

Ⅲ 計画シミュレーション（教室事業）

単位：千円

	第１期実績	第２期着地予想	第３期	第４期	第５期
売上高	18,765	25,402	35,000	50,000	75,000
売上原価	7,313	11,623	15,750	22,500	33,750
売上総利益=A	11,452	13,779	19,250	27,500	41,250
売上総利益率(粗利率)	**61.03%**	**54.24%**	**55.00%**	**55.00%**	**55.00%**
販管費-人件費=B	2,420	2,666	4,813	8,250	16,500
労働分配率(B÷A)	**21.13%**	**19.35%**	**25.00%**	**30.00%**	**40.00%**
売上高人件費率	12.90%	10.50%	13.75%	16.50%	22.00%
販管費-その他経費	925	3,117	4,200	5,500	7,500
売上高その他経費率	4.93%	12.27%	12.00%	11.00%	10.00%
営業利益	8,107	7,996	10,238	13,750	17,250
営業利益率	43.20%	31.48%	29.25%	27.50	23.00%

Ⅲ 計画シミュレーション（ゲーム受託制作）

単位：千円

	第１期実績	第２期着地予想	第３期	第４期	第５期
売上高	8,825	52,158	100,000	120,000	150,000
売上原価	1,402	10,432	20,000	24,000	30,000
売上総利益=A	7,423	41,726	80,000	96,000	120,000
売上総利益率(粗利率)	**84.12%**	**80.00%**	**80.00%**	**80.00%**	**80.00%**
販管費-人件費=B	600	5,978	48,000	56,640	69,600
労働分配率(B÷A)	**8.08%**	**14.33%**	**60.00%**	**59.00%**	**58.00%**
売上高人件費率	6.80%	11.46%	48.00%	47.20%	46.40%
販管費-その他経費	2,938	5,017	8,000	8,400	9,000
売上高その他経費率	33.29%	9.62%	8.00%	7.00%	6.00%
営業利益	3,886	30,731	24,000	30,960	41,400
営業利益率	44.03%	58.92%	24.00%	25.80%	27.60%

Ⅲ 案件サンプル

Ａ案件

単位：円

売上高	800,000
売上原価	160,000
売上総利益=A	640,000
売上総利益率	**80.00%**
販管費-人件費=B	359,333
労働分配率(B÷A)	**56.15%**
売上高人件費率	44.92%

	A×B	A＝関与日数(日)	月額給料(円)	賞与(夏冬各1か月と仮定)	法定福利費(月額給与の14％と仮定)	計	B＝１日単価(22日稼働と仮定)
田中氏	166,303	8	350,000	58,333	49,000	457,333	20,788
山田氏	74,242	5	250,000	41,667	35,000	326,667	14,848
鈴木氏	118,788	5	400,000	66,667	56,000	522,667	23,758
計	359,333						

(2) 税金に対するスタンスを明確にしておく

２つ目は，税金に対するスタンスを明確にしておくことです。税金を多額に納付すると資金繰りが悪化するように思えますが，利益（税務上の所得）に連動する税金の納付額を減らすためには，利益を減らすことになります。そして，利益を減らすためには，一般的には販管費を代表とする何らかの資金支出が伴うことになります。つまり，納税額を低く抑えることは，結果的に資金繰りを悪化させる可能性があります。

したがって，税金，特に利益に連動する税金（法人税や法人住民税等）は納付額をゼロに限りなく近づけていくという考えではなく，利益を安定的に生み出し，その一定割合を計画的に納付して結果的に手元資金を増やすという考え方をするのが望ましいでしょう。

ただ，利益を安定的に生み出すことはとても難しいのも事実です。利益が想定よりも大きく出て，当面多額の資金を利用しない場面では，利益（税務上の所得）の一部を，生命保険等を活用して税金を繰り延べることは有用です。

また，助成金や補助金と同様に税金に関しても，中小企業や成長企業向けの優遇策が公表されていますので，会社の成長に適しており，利用可能なものがあれば積極的に利用するとよいでしょう。

まとめると，大きなスタンスはブラさないようにして，個別の年度で必要に応じて税金の繰り延べを活用したり，税務上の優遇策につき利用可能性を検討したりすることをお勧めします。

さらに，高橋さんからは次のような質問がありました。

Q 法人の節税手段にはどのようなものがあるでしょうか？

A 節税というと，決算期末が迫ってきた時期にいろいろな買い物をして経費を多めに使うというイメージがありますが，前記のとおり，この方法は資金流出を伴います。ここでは，有効な節税手段を２つ挙げておきます。
１つ目は，分社化です。資本金１億円以下の中小企業の場合は，所得が800万円以下であれば法人税率は約25％，所得が800万円を超えるなら約37％が課税されるのが一般的です。したがって，所得を複数の会社に分散することにより，800万円未満の所得を増やすことができれば全体の税額を圧縮できます。
２つ目は，生命保険の活用です。現時点では今後の税制上の扱いが流動的ですが，従来は保険金の支払時は損金に一定割合を算入でき，解約返戻金を受け取る際に益金に計上するため，税金を繰り延べる（先送りする）効果がありました。経営者をはじめとする役員の傷病その他に備えた事業保障を目的とした役員（経営者）保険がその代表格といえます。
また，保険に類似した役割を果たすものとして各種共済があります。おおまかにいうと，共済とは，地域や職域ごとに掛け金を出し合い，死亡や病気等万が一のときに共済金として受け取れる仕組みのことで，保険に近いものと考えられます。倒産防止共済や退職金共済等，目的に応じたさまざまな共済があります。特に，中小企業退職金共済は国からの助成もあり，節税以外のメリットも大きいといえるでしょう。

Q　将来の資金調達に備え，決算時に留意しておいたほうがよいことはありますか？

A　上述した以外で付け加えるとすると，意外と投資家には神は細部に宿るということを信じている人が多いことでしょうか。現金残高が帳簿と一致していない，仮払金が長期間放置されている，立替金の回収を失念している，事業に関係ない貸付金が回収されていない，といったことは印象を悪くします。最悪の場合，出資取りやめとなるケースもあります。
日々の管理をしっかりすることはもちろんですが，年末の大掃除と同様に，決算時にはきれいにして期末を越すことを心がけましょう。

これらをふまえて，高橋さんは以下の選択をしました。

（高橋さんの選択）

✓３年以内に，今後のモデルとなる教室を建設することを考慮して，生命保険には加入せず，税引前利益1,700万円，法人税等500万円，税引後利益1,100万円にて決算を終えた。

✓決算終了後に，日本政策金融公庫から2,000万円の融資を受けた。内訳は，設備投資資金1,000万円（６か月の猶予期間経過後，５年元利均等返済，金利１％），運転資金1,000万円（３か月の猶予期間経過後，３年元利均等返済，金利１％）である。

5. 退職希望者への対応

＼STORY／

第３期の期首である４月に，新卒で入社した新人佐藤さんから「会社を辞めたい」という申し出があった。退職理由を尋ねると，「自分がしたいことではない気がする」ということだった。１年での退職の申し出に高橋さんは戸惑った。建設的な話し合いを重ねて，会社に残ってほしいと願っている。

高橋さんは，先輩経営者Ｓさんから次のような話を聞いています。

Ｓさんは，セキュリティシステムの開発・販売・保守を請け負う会社を経営しています。Ｓさんの会社は，創業十数年が経過しており，社員数約30名，売上は10億円程度です。

組織は，営業部と開発部に分けており，営業部で半年前に中途採用した社員から「営業部長からパワハラを受けている」という訴えがありました。Ｓさんは，営業部長に聞き取りしましたが，「社員側の問題で，私は悪くない」という回答でした。そうこうするうちに，当該社員は体調を崩し，自宅療養することになりました。

そこで，Ｓさんは弁護士に相談し，次の２つの案を検討しました。

第１案：社員をすぐに解雇して，その後の先方の行動をみて，示談あるいは裁判までの対応を検討する。

第２案：社員の解雇はせずに，病気休暇（無給）を認め，先方からの職場復帰申し出のタイミングで，雇用条件等を再度協議する（職場復帰がなく１年を経過した場合は解雇）。

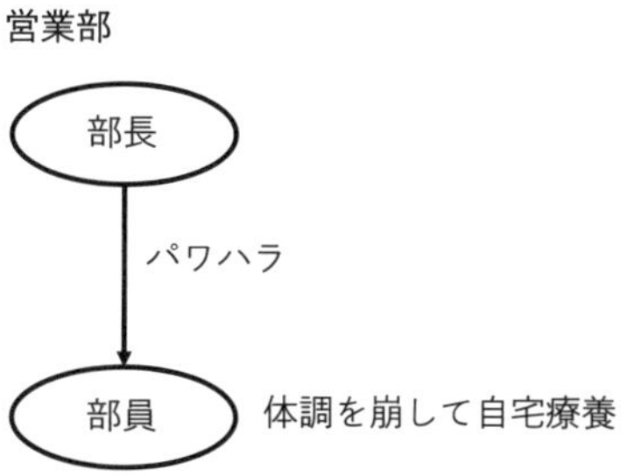

結論としては，第２案で取り組み，１年くらい弁護士をとおして協議し，退職してもらいました。その協議の中で，営業部長にも非があることが判明し，幹部育成の強化にも取り組むことにしました。

Ｓさんの事例をふまえ，退職希望者への対応にあたり，経営管理面で気をつけたいポイントとして次の２点を取り上げます。

⑴　真摯で誠実な対応を心がける

１つ目は，真摯で誠実な対応を心がけることです。会社の成長過程で，社員が忙しく動いているときに退職の相談があると，「こんなときになぜ？」という気持ちになり，真摯に耳を傾けられなくなってしまうこともあるかもしれません。

しかし，ここできちんと対応しなければ２次的なトラブルに発展してしまうこともあります。退職を希望する本人にとっても「次のステップをスムーズに踏み出すためにしっかりと引継ぎ等に取り組むことが重要である」旨を伝えましょう。

また，他の社員や取引先等からは，退職希望者に対して経営者がどのような対応をするかを見られています。周囲からの信用を増やす重要な機会だと捉えましょう。

⑵　幹部不正の可能性を検証する

２つ目は，幹部不正の可能性を検証することです。表現が物騒になりますが，育成する側に問題がなかったかは経営者自身の反省も込めて検証しておくべきです。また，経営者だけではなく，関係する社員全員を想定して，セクハラ・パワハラといったハラスメント行為，さらにその裏側にもっと大きな問題が隠されていないかを念のために検証することをお勧めします。そして，その結果を今後の人材育成や会社運営に活かしていきましょう。

簡単にできる検証としては例えば，当該社員の退職前１年分くらいにわたって，今回のハラスメント問題に関係しそうな社員全員の交際費等の経費の使い方や関連する取引先への支出の多寡，粗利率が異常に低い，あるいは常に一定となっている取引等を確認してみましょう。

検証の結果，たとえば，経費精算ルールに曖昧な点があること（直接の営業先ではない人物との打合せを会議費として認めている，直行直帰の場合の交通費の取扱い等）や日当の計算方法で，前日入りの取扱いが明確ではない等が判明したときには，「ルールの明文化」や「職務権限表等の規程整備」の契機として活用しましょう。

さらに，高橋さんからは次のような質問がありました。

Q　会社がすべき社員の退職の手続を教えてください

A　会社側の手続としては大きく保険と税金に関わるものの２種類があります。
まず保険については，社会保険は管轄する年金事務所に社員の脱退手続を行う必要があります。同様に雇用保険は管轄するハローワークに社員の資格喪失等に関わる書類を提出しなければなりません。具体的な手続については社労士と相談しながら進めてください。
税金については，所得税は源泉徴収票の発行が必要です。住民税は天引きで特別徴収を行っていた場合には，退職する社員が居住する市区町村に異動届を提出しなければなりません。
加えて，退職月の保険料や税金の扱いは通常とは違う計算をすることになるので，こちらも社労士や税理士と相談しておくとよいでしょう。

Q 手続以外で行っておくべき退職に関する作業を教えてください

A 法定の手続を別にすると，基本的に引継ぎが重要な作業です。退職希望の社員には書類やPC内のデータを整理してもらうとともに，過不足のない引継ぎに関わるドキュメントを作成してもらいます。それらを基に，後任となる担当者や上長が取引先や担当業務の引継ぎに支障がないかを確認し，不備があればその内容をすりあわせ，退職後の取引や業務が円滑に進むよう調整します。
引き継ぐ側の確認にかかる時間等も考慮して，退職の意思表明があった時点で余裕を持ってスケジュールを立案することが重要です。

Q 退職する社員に渡さなければいけないもの，退職時に返却してもらうものをチェックしたいです

A 退職する社員から返却してもらうものは，社員証や名刺といった会社から貸与したものです。また，任意継続などの特例を利用しない限りは健康保険証もその対象です。会社から社員に貸与したカードキーや名刺，携帯電話やパソコン等も返却してもらいます。場合によっては競業避止や機密情報の保持といった契約書を改めて締結して，ノウハウの流出を防ぐこともあります。
社員に渡すのは前記の源泉徴収票と，一般には雇用保険の離職票等となります。税理士や社労士に相談して，チェックリストを作成してそれに従うのが安心です。

Q 退職者の個人情報の取扱いを教えてください

A 退職者の個人情報は，顧客の個人情報と同様に，利用目的を明らかにし，適切に取り扱う必要があります。
仮に退職者の新たな就職先の会社が在職時の人事評価や素行について問い合わせてきても，原則として回答することはできません。退職者が請求すれば「退職時等の証明」発行が義務づけられていますが，証明事項は使用期間（在籍期間），業務の種類，地位等に限定され，人事評価等を開示する場合は退職

者本人の同意が必要です。これも顧客の個人情報の第三者への開示と同様に，法令に基づく場合等に限られ，取扱いには注意が必要です。人事担当以外の在職時の所属部署の上長や同僚にも，法令によって個人情報の取扱いが定められていることを周知しておいたほうがよいでしょう。

これらをふまえて，高橋さんは以下の選択をしました。

（高橋さんの選択）

✓佐藤さん本人としっかりと話し，円満退社を心がけた。

✓佐藤さんも，最後はスッキリとした心持ちで最終日を迎え，笑顔で挨拶をして退職した。

✓高橋さん・南さんが中心となり，今後の採用・人材育成につき協議し，まずは鈴木さんの育成に注力することとした。

Chapter 4

▶Next Stage

さらなる飛躍を目指して

1. 分社化の検討

\ STORY /

第３期に入った株式会社AGATEは，ゲーム受託制作事業が順調に伸び，クリエイターの採用をはじめた。
しかし，教室事業「ユメノアジト」とゲーム受託制作事業「SuBAL」では，ビジネスモデルが全く異なるため，採用したい人材の資質や勤務形態等も異なる。そのため，全社での給料体系の統一には無理がある。このままでは，社員の不満も高まっていくと感じた高橋さんは，業績に応じた報酬の仕組みや働き方を確立して，社員と会社が満足して，楽しく働けるようにしたいと考えた。
また，「ユメノアジト」と「SuBAL」で分社化も検討したい。

高橋さんは，先輩経営者Ｔさんから次のような話を聞いています。

Ｔさんは，人材派遣事業をはじめ，いくつかの事業を手がけている売上50億円程度の会社の経営者です。企業買収に積極的に取り組むことを想定し，数年前に持ち株会社へ移行しています。

Ｔさんは，人材派遣事業ともう１つの事業を，会社分割で子会社に切り出すことを想定していました。しかし，専門家に相談したところ，人材派遣の免許は子会社に引き継げないことや，健康保険組合も新設子会社で再度申し込みが必要なことが判明し，想定よりも１年遅れで，やっと持ち株会社への移行が完了しました。

また，子会社の社長には当初，事業部長をそのまま任命する予定でしたが，子会社における銀行借入に対し，子会社社長の個人保証が必要となり，当面は

Ｔさんが子会社社長も兼任することに変更しました。

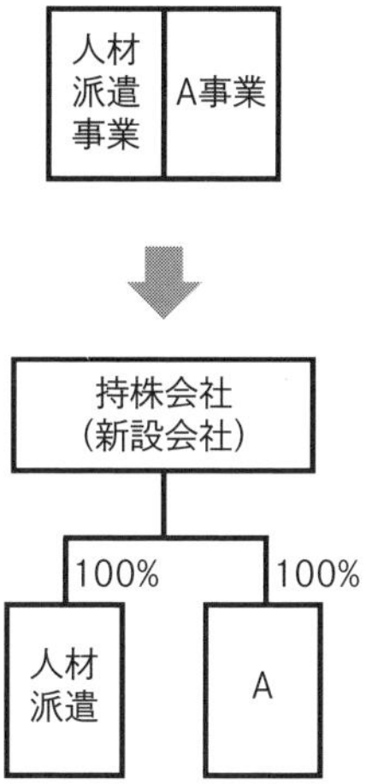

Ｔさんの話を聞いて高橋さんは，100％子会社とはいえ，１つの会社にする場合は，事業部門とは異なり，検討する項目が多いことを実感しました。

ここでは，Ｔさんの事例もふまえ，２つのポイントを説明します。

(1) 事業部門と会社の違いを理解する

１つ目は，事業部門と会社の違いを理解することです。子会社設立の場合，事業部門とは異なり，法形式的には（当初設立した会社，すなわち親会社とは）別の会社となります。資本金や決算期をはじめ，取締役会設置会社にするか，監査役を置くか等を決めることになります。

その際に，留意する視点をみていきましょう。

① 採算管理の視点

個々の会社が「独立した事業体として採算がとれるかどうか」，あるいは「いつから採算がとれるか」を確認しておくことが重要です。

分社化する事業部門を１つの会社として捉え，新会社と旧会社の双方につき，損益計画と資金計画を月別に１年分作成し，両社の利益と資金のバランスを検証しておきましょう。基本的には，双方が独立した事業体として，個々に「品質・納期・採算」をコントロールして運営していくことが望ましいですが，経営者の役員報酬や本社家賃・共通経費等の負担割合は両社の利益と資金のバランスに配慮して決めます。

どちらかの会社が明らかに赤字になるような場合や資金不足になる場合は，税務面のメリット・デメリットも考慮して，負担割合を見直すことも検討しましょう。

② 取引先との関係の視点

「新会社に移行する事業部門」の取引先は，移行後は新会社との取引に変わりますので，契約書の再締結等も含め，対応について事前に検討することになります。

取引先によっては，与信の問題等で新会社との契約を嫌がることも想定されます。また，複数の事業部門が同じ取引先に出入りしている場合等は，対応窓口の調整等も必要となります。

いずれにしろ，事業部門の分社化に伴って，取引先には負担をかけることになるので，事前説明等を含め，取引先への配慮が大切です。

③ 社員との関係の視点

「新会社に移行する事業部門」の社員は，新会社の業務に従事することになりますので，旧会社との雇用契約の見直しが必要になります。選択肢としては「新会社への出向」「新会社への転籍」あるいは「新会社と旧会社での業務委託とし，社員の出向や転籍を回避する方法」等があります。

また，転籍の場合は，新会社設立と同時に転籍するか，新会社の経営が軌道に乗った数年後まで出向で引き延ばすか等も，社員のモチベーション等を考慮して検討することになります。

旧会社で健康保険組合に加入していて，設立間もない新会社が健康保険組合に加入できない場合等は，（保険料率が変わり）社員の待遇に影響しますので，さらに慎重に取り組むことをお勧めします。

④ 内部者による不正の視点

事業部門の場合は，あくまでも会社の1部分であり，事業部門ですべてを完結することは難しいですが，別会社とする場合，物理的に1つの会社として切り出されています。これは，たとえば，事業部門責任者が新会社の社長となる場合，一連の経営活動を取り仕切ることが可能となるということです。

したがって，役員構成をどうするか，どこまでの権限を付与するかといったことについては，新会社の幹部層のモチベーションや育成プラン等も考慮し，慎重に決めましょう。

将来の幹部育成の観点からは，事業部門責任者に新会社の経営を委ねることは効果がありますが，委ね方に配慮しないと，目が行き届かなくなり暴走する等，不正の温床となってしまう可能性もあります。

⑤ 経営者による粉飾の視点

新会社と旧会社での定期的な取引が発生する場合は，グループ全体の損益を把握するために，連結決算の実施も視野に入れることが望ましいです。

税務申告に関し，連結納税制度を採用するかどうかは別としても，新会社の決算は旧会社と共通のルールのもとで行い，双方の決算を合算した連結決算も行うことをお勧めします。

(2) 再編する場合，設立と同じくらいの労力がかかる

2つ目は，一度設立した新会社を再編する（元に戻す）となった場合，最初に設立したときと同じくらいの労力がかかることで，スピード感を優先するスタートアップ企業にはなかなか難しいですが，少なくとも3～5年くらい先までのグループの構成をイメージして，新会社と旧会社との資本関係や商流，経営管理部門の配置等について，法務・会計・税務・労務も含めて多面的に検討したうえで設立することをお勧めします。

特に，資金調達機能は旧会社で持ち続けるのか，それとも徐々に新会社に移管していくのかは決めておきましょう。たとえば，株式上場を目指すとしたら，まず「どの会社を上場させるのか」を決めます。その後「その会社の下にどの会社を配置するか」，「どの会社でどのような取引を担当し，どれくらいの売上を見込むか」，「運転資金としていくらを見込むか」，「その資金をグループ間でどのように融通するか」といったことを検討しましょう。

COLUMN

組織再編の手法

組織再編の手法としては「合併」と「会社分割」が代表的で，ほかに株式交換，株式移転，事業譲渡等があります。

合併は，いわゆる2つ以上の会社が1つの会社となって既存株主の支配下に置かれる形態です。

合併には，「吸収合併」と「新設合併」の2つの手法があります。吸収合併は，2つ以上の会社の1社が他の会社の権利義務を承継するものであり，新設合併は，2つ以上の会社のすべてが消滅してすべての権利義務を新たに設立する会社に承継するものとなります。

吸収合併が概ね一般的で，親会社と子会社が合併して親会社が存続する，同じ親会社のもとで子会社同士が合併して片方が残るといったケースが多いです。

会社分割は，1つの会社を2つ以上の会社に分割する手法です。特定事業の権利義務を他の会社に承継する「事業部門の分社化」に際して，利用されることが多いですが，持ち株会社化や管理部門の分社化でも会社分割を利用します。

会社分割にも，「新設分割」と「吸収分割」の2つの手法があります。新設分割は既存の事業部門を新たに設立した会社に承継させるものであり，吸収分割は別の株主の子会社に自社の事業部門を承継させるものとなります。

一方で，分割によって生じる対価がどの株主に帰属するかという観点から「分社型」と「分割型」の２種類があります。分社型は「事業の権利義務を譲渡した会社」がその譲渡対価を取得し，分割型は「事業の権利義務を譲渡した会社」の株主がその譲渡対価を取得します。

新設分割と吸収分割，分社型と分割型をそれぞれ掛け合わせた４類型が会社分割の手法で，会社や事業の状況に応じていずれかの手法を選択することとなります。

新設分社型分割

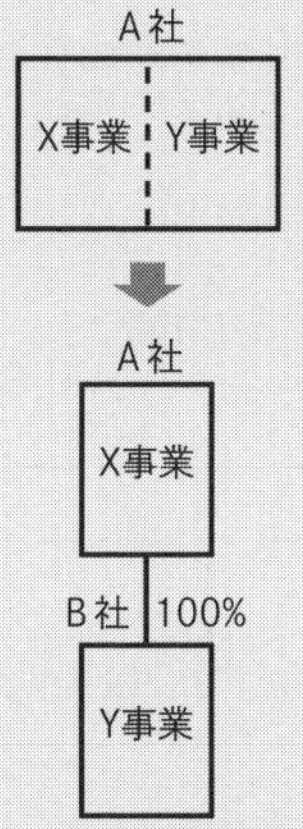

吸収分社型分割

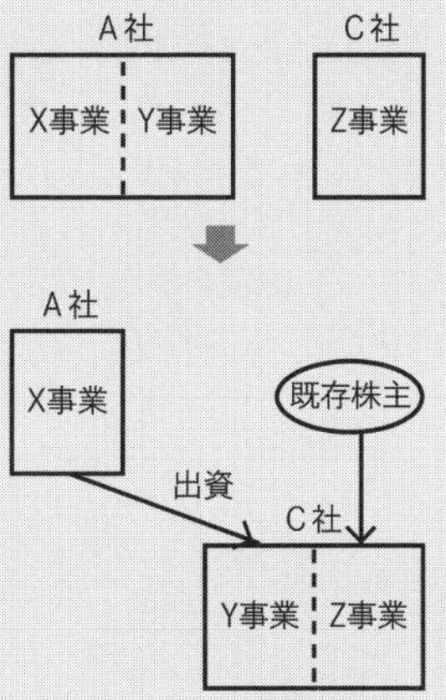

新設分割型分割

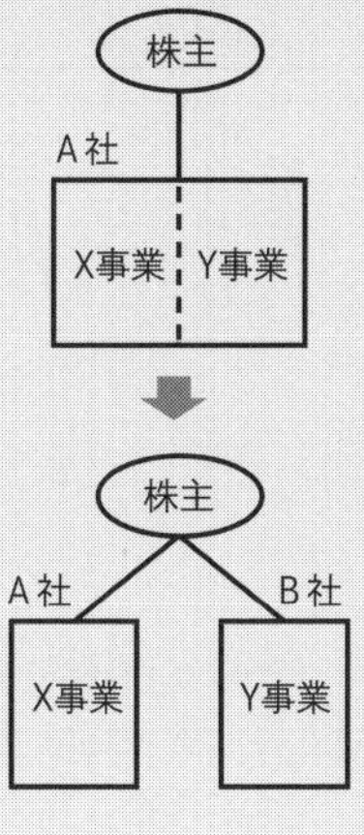

吸収分割型分割

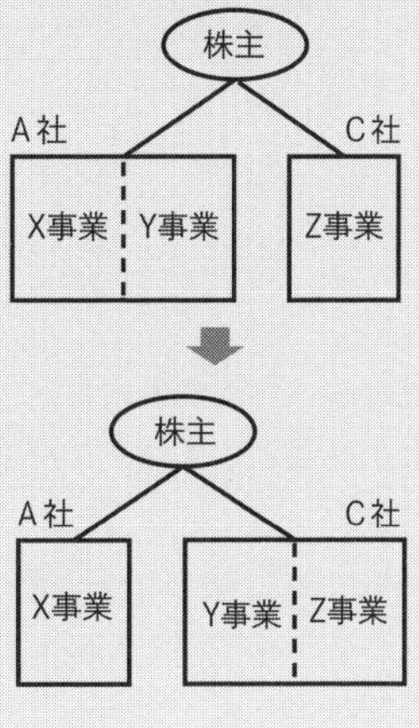

株式交換は，子会社となる会社（A社）がその発行済株式の全部を他の会社（B社）に取得させることで，その対価として（A社株主に）金銭ではなくB社が発行する株式やB社が保有するB社株式を渡すことを指します。A社の経営権を，B社の現預金の減少あるいは借入金の増加といった財務体質の悪化を回避しながら，取得したいときに利用される手法です。

株式移転は，子会社となる会社（A社およびB社）がその発行済株式の全部を新設する会社（C社）に取得させることで，その対価として（A社株主およびB社株主に）金銭ではなくC社が発行する株式を渡すことを指します。一般的には，ホールディングスなどの持株会社を設立する際に利用される手法です。

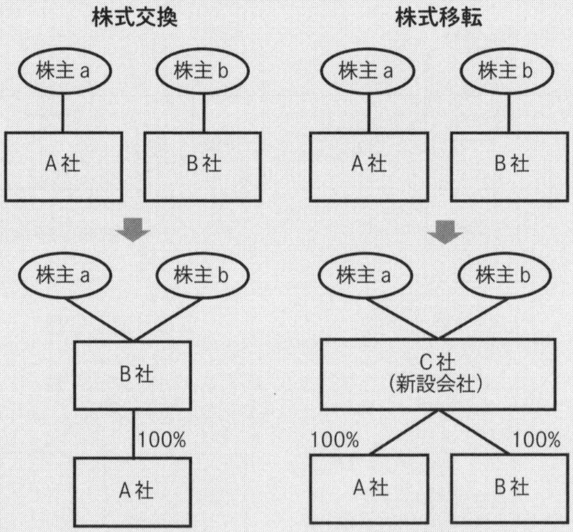

事業譲渡は，会社の事業を第三者に譲渡（売却）することを指し，通常は現金を対価とするケースが多いです。

組織再編にあたっては，税務上の繰越欠損金や含み損の活用，許認可の引継ぎ等も考慮することになりますので，専門家と相談しながら進めるとよいでしょう。

さらに，高橋さんからは，次のような質問がありました。

Q　1法人か，2法人か，3法人かを検討するにあたって，それぞれの税務メリットを教えてください

A　法人を1つのままとするか，2つあるいは3つに分社化するかによって，納税額の違いが出てきます。簡単にいうと，中小企業向けの法人税軽減税率の特例と交際費の損金算入枠によって納税額が変わります。

後記のシミュレーションのとおり，1法人で1,600万円の交際費があり，6,000万円の税引前利益を稼いでいる場合，2法人として，交際費を800万円ずつ，税引前利益を3,000万円ずつに分けると，毎年約400万円の節税になります。

単位：百万円

	1法人	2法人		
		A社	B社	合計
交際費	16	8	8	16
税引前利益	60	30	30	60
納税額	24	10	10	20

△400万円の節税

〈注〉P158 図「1法人と2法人の場合」より百万円単位で転記して作成している。

1法人で2,400万円の交際費があり，1億円の税引前利益を稼いでいる場合，3法人として交際費を800万円ずつ，税引前利益を4,000万円，3,000万円，3,000万円と分けると，毎年約900万円の節税になります。

単位：百万円

	1法人	3法人			
		A	B	C	合計
交際費	24	8	8	8	
税引前利益	100	40	30	30	
納税額	43	13	10	10	34

△900万円の節税

〈注〉P159 図「1法人と3法人の場合」より百万円単位で転記して作成している。

もちろん，節税だけを目的に分社化することはお勧めしませんが，ある程度の利益が継続的に見込める場合は，節税を通じた内部留保の積み増しという観点から分社化は検討に値する手法といって差し支えないでしょう。

III　1法人と2法人の場合

		税率	1法人の場合		税率	2法人の場合				差額
						A	B	C	計	
交際費	A		16,000,000			8,000,000	8,000,000		16,000,000	
交際費損金枠	B		8,000,000			8,000,000	8,000,000		16,000,000	
	C=A-B		8,000,000			0	0		0	
税引き前利益	D		60,000,000			30,000,000	30,000,000		60,000,000	
	E=C+D		68,000,000			30,000,000	30,000,000		60,000,000	
税金計算										
400万円以内	法人税・地方法人税	16.55%	661,800	法人税・地方法人税	16.55%	661,800	661,800		1,323,600	
	都民税（法人税×10.4%）	1.560%	62,400	都民税（法人税×7%）	1.050%	42,000	42,000		84,000	
	事業税（超過税率）	3.75%	150,000	事業税（超過税率）	3.75%	150,000	150,000		300,000	
	特別法人事業税（標準事業税×37%）	1.2950%	51,800	特別法人事業税（標準事業税×37%）	1.2950%	51,800	51,800		103,600	
		23.1500%			22.6400%					
400～800万円	法人税・地方法人税	16.55%	661,800	法人税・地方法人税	16.55%	661,800	661,800		1,323,600	
	都民税（法人税×10.4%）	1.560%	62,400	都民税（法人税×7%）	1.050%	42,000	42,000		84,000	
	事業税（超過税率）	5.665%	226,600	事業税（超過税率）	5.665%	226,600	226,600		453,200	
	特別法人事業税（標準事業税×37%）	1.9610%	78,440	地方法人特別税（標準事業税×37%）	1.9610%	78,440	78,440		156,880	
		25.7310%			25.2210%					
800万円超	法人税・地方法人税	25.5896%	15,353,760	法人税・地方法人税	25.6%	5,629,712	5,629,712		11,259,424	
	都民税（法人税×10.4%）	2.413%	1,447,680	都民税（法人税×7%）	1.6240%	357,280	357,280		714,560	
	事業税（超過税率）	7.48%	4,488,000	事業税（超過税率）	7.48%	1,645,600	1,645,600		3,291,200	
	特別法人事業税（標準事業税×37%）	2.5900%	1,554,000	地方法人特別税（標準事業税×37%）	2.5900%	569,800	569,800		1,139,600	
		38.0724%			37.2836%					
税金計			24,798,680			10,116,832	10,116,832	0	20,233,664	▲ 4,565,016

1法人と3法人の場合

		税率	1法人の場合		税率	3法人の場合 A	3法人の場合 B	3法人の場合 C	3法人の場合 計	差額
交際費	A		24,000,000			8,000,000	8,000,000	8,000,000	24,000,000	
交際費損金枠	B		8,000,000			8,000,000	8,000,000	8,000,000	24,000,000	
	C=A-B		16,000,000			0	0	0	0	
税引き前利益	D		100,000,000			40,000,000	30,000,000	30,000,000	100,000,000	
	E=C+D		116,000,000			40,000,000	30,000,000	30,000,000	100,000,000	
税金計算										
400万円以内	法人税・地方法人税	16.55%	661,800	法人税・地方法人税	16.55%	661,800	661,800	661,800	1,985,400	
	都民税（法人税×10.4%）	1.560%	62,400	都民税（法人税×7%）	1.050%	42,000	42,000	42,000	126,000	
	事業税（超過税率）	3.75%	150,000	事業税（超過税率）	3.75%	150,000	150,000	150,000	450,000	
	特別法人事業税（標準事業税×37%）	1.2950%	51,800	特別法人事業税（標準事業税×37%）	1.2950%	51,800	51,800	51,800	155,400	
		23.1500%			22.6400%					
400～800万円	法人税・地方法人税	16.55%	661,800	法人税・地方法人税	16.55%	661,800	661,800	661,800	1,985,400	
	都民税（法人税×10.4%）	1.560%	62,400	都民税（法人税×7%）	1.050%	42,000	42,000	42,000	126,000	
	事業税（超過税率）	5.665%	226,600	事業税（超過税率）	5.665%	226,600	226,600	226,600	679,800	
	特別法人事業税（標準事業税×37%）	1.9610%	78,440	地方法人特別税（標準事業税×37%）	1.9610%	78,440	78,440	78,440	235,320	
		25.7310%			25.2210%					
800万円超	法人税・地方法人税	25.5896%	27,636,768	法人税・地方法人税	25.6%	8,188,672	5,629,712	5,629,712	19,448,096	
	都民税（法人税×10.4%）	2.413%	2,605,824	都民税（法人税×7%）	1.6240%	519,680	357,280	357,280	1,234,240	
	事業税（超過税率）	7.48%	8,078,400	事業税（超過税率）	7.48%	2,393,600	1,645,600	1,645,600	5,684,800	
	特別法人事業税（標準事業税×37%）	2.5900%	2,797,200	地方法人特別税（標準事業税×37%）	2.5900%	828,800	569,800	569,800	1,968,400	
		38.0724%			37.2836%					
税金計			43,073,432			13,845,192	10,116,832	10,116,832	34,078,856	▲ 8,994,576

これらをふまえて，高橋さんは以下の選択をしました。

（高橋さんの選択）

✓第３期の途中で，分社化を実施することとした。

✓組織再編は，税務上のメリット（中小企業の軽減税率など）を有効に活用するとともに，採算管理の視点が重要となるため，月次での予実精度を高めることを目標に，経理業務の内製化に取り組むこととした。

2. ビジョン発表会開催の検討

＼ STORY ／

高橋さん１人でスタートした株式会社AGATEだが，社員が14人まで増えた。事業は右肩上がりであるものの，人数が増加したことで社員の目線合わせが難しくなり，共通の目標が薄れつつある。
教室事業のミッションは「プログラミングにより子どもたちが創造する力を養うこと」，そして，ゲーム受託制作事業のミッションは「ゲームクリエイターの新しい価値を創出する事業とすること」である。このミッションを全社員で共有したいという思いを高橋さんは強めている。
創業時の思いを確認し，チームの力を結集するにはどうしたらよいか。一案としてビジョン発表会の開催を検討している。

高橋さんは，ビジョン発表会を開催していた先輩経営者Ｕさんから「最近は開催していない」と聞いています。

Ｕさんは，建設会社を創業して５年経過した頃，新しいオフィスへの移転を契機にビジョン発表会を開催しました。折角の機会なので，社内のメンバーだけではなく，取引先や金融機関等の担当者も招待し，第１回目は大成功に終わりました。

あまり期間を空けてしまうとよいムードが消えてしまうことを懸念し，Ｕさんはビジョン発表会を四半期ごとに行うことに。その後１年くらいは四半期ごとに開催しましたが，事業が拡大し，社員も増え，忙しくなるにつれて，ビジョン発表会の事務局の負担が大きくなり，開催しても内容が希薄で，ただ集まっているだけという状況でした。Ｕさんも，日常業務に追われ，事務局のフォローまで手が回らなくなり，１度延期したら，その後２年くらい開催しないまま現在に至っています。

高橋さんはＵさんの話を聞いて，ビジョン発表会は社員数が増えるにつれて事務局の負担が増えることを理解しました。また，折角はじめるのであれば，継続して開催していきたいという気持ちも新たにしました。

ビジョン発表会は，社内向けに「ミッション（何をやるか）」と「ビジョン（その結果，どんな状態になるか）」に従ったアクションプランを公表して目標を共有するとともに，社内の一体感を醸成する機会と位置づけることができます。

ここでは，Ｕさんの事例もふまえ，２つのポイントを説明します。

⑴ 継続して行うことの難しさを考慮し，無理をしない

１つ目は，継続して行うことの難しさを考慮し，無理をしないことです。多くの会社でビジョン発表会が開催されており，その効果も大きいのですが，一方で，通常業務の忙しさや事前準備負担の重さを理由に開催を中止するケースも多いです。

開催の効果を実感している経営者ほど，開催頻度を高めたくなる傾向があります。ただ，開催の事務負担等も考慮し，年２回や四半期ごとに開催することにこだわるよりも，年１回であっても毎年必ず同じ時期に実施することをお勧めします。

⑵ 「会計数値（あるいは会計数値に基づく指標）」も公表し，共有する

２つ目は，ビジョン発表会の中で「会計数値」も公表し，共有することです。公表する会計数値が一人歩きしてしまうリスクを考慮してどの数値を公表するかは慎重に検討することになりますが，損益計算書の主要な数値や労働分配率，あるいはKPI（Key Performance Indicators）として設定している指標等を公表することはお勧めです。

過去の開催時の当該数値と比較することにより，会社の現状把握や課題認識の共有に役立ちます。

また，定性的な情報だけではなく，定量的な情報を共有することで，事業の進捗状況を客観的に把握しやすくなり，（その情報を有効活用することで）参加者に適度な緊張感を与えることができます。

さらに，高橋さんからは，次のような質問がありました。

Q 中期経営計画を作成する目的・メリットを教えてください

A 経営者の頭の中にある事業プランは，そのままでは誰かに伝えることはできません。中期経営計画として「見える化」することによって，他者と共有することができます。一般的に中期経営計画を作成する「目的とメリット」は以下のとおりです。

① 会社の現状や課題を整理できる

事業環境は年々変動しています。新たな競合の参入や，AIに代表される代替品の登場，人材難になるなどの雇用環境の変化，さらには法令や規制の強化等さまざまな要因が影響します。事業の性質にもよりますが，数か月から長くても３年で事業環境に何らかの変化が訪れているはずで，変化を適切に捉えて現状を見つめ直し，課題を整理する必要があります。そうした課題と自社の現状に基づいて，１～３年スパンで立案した戦略を示すのが中期経営計画です。

② やるべきことが明確になる

中期経営計画は数字で語られがちです。というのも，売上高や利益率といった数字は誰にでもわかりやすく，適切な目標数値であれば納得されやすいものだからです。しかしながら，成長ありきで数字を作るのは誰にでもできること，絵空事です。売上高を伸ばすといっても，営業担当者を２倍に増員する，販促費を数倍に上積みするような手法はコスト増につながり，結果的に期待した利益率を実現できない可能性もあるでしょう。それよりは顧客満足度を高める施策を通じて既存顧客が新規顧客を紹介してくれる好循環を生み出す，マーケティングオートメーションのようなテクノロジーを活用して見込み客を増やすとともに成約率を高めるといった手法のほうが，たとえ遠回りでも計画達成に近づくかもしれません。言い換えれば，事業部門との議論や対話を通じて，事業にどのような武器を持たせると計画達成の実現度を高められるかを明らかにし，そのためには個々の社員が何をすべきかを明確にすることが重要です。

③ 社員に「考える」癖がつく

当然ながら，中期経営計画の策定はトップダウンで一方的に数字を押しつけることではなく，担当役員や管理職，さらには一般社員に至るまでを巻き込んでいくべきものです。とはいえ，やらされている感を与えたり，なんちゃってボトムアップになったりしては逆効果です。社員の主体性を発揮してもらうためには，売上伸長やコスト効率の改善といったアイディアを出しあう，リソースや強みの横展開について議論するといったプロセスを通じて，はじめて社員に「考える」癖がつくといえるでしょう。

Q 中期経営計画作成にあたり，参考となるサンプルはありますか？

A 「上場時に求められる中期経営計画書（＝成長可能性に関する説明資料）」が参考になります。

「成長可能性に関する説明資料」は，東京証券取引所がマザーズ市場に新規上場する会社に対して，その上場日当日に自社の成長可能性に関する事項の開示を求めている資料で，実質的には主幹事証券のチェックを受けて作成します。Web上で「成長可能性に関する説明資料AND 社名」で検索できるので，ベンチマークしている上場会社のものは目を通しておくとよいでしょう。

これらをふまえて，高橋さんは以下の選択をしました。

（高橋さんの選択）

✓第２期決算を終え，６月に全社員を集め，本社会議室でビジョン発表会を開催した。

✓発表は，高橋さんのほか，南さんやゲーム受託制作事業の中心メンバーが担当した。

✓その後，新年度のキックオフを兼ねた簡単な懇親会を実施した。

3. 海外展開を考える

＼STORY／

高橋さんは前職の経験から，ゲーム受託制作は日本よりも海外のほうが市場が大きいことを知っていた。日本の市場は強豪が多いため，売上がすぐに頭打ちになることは容易に想像がつく。
高橋さんは，株式会社AGATEは次の展開を考える時期に来ていると感じていた。日本と海外の双方で飛躍する会社として成長させたい。最初のターゲットとして，台湾を考えている。

海外展開の事例として，東証１部に上場している製造業AA社をみてみましょう。

AA社は，数年前にイギリスとアメリカと中国に金融子会社を設立しました。

上場した約30年前の売上高は500億円前後で，そのうち，国内売上が８割くらいでしたが，現在は売上高2,500億円で，その６割が日本以外での売上です。

それに伴い，為替リスクも高まってきたことから，地産地消の考えで，欧州圏の資金は欧州圏で，米国圏の資金は米国圏で，中国圏の資金は中国圏で統括することにしました。併せて，海外子会社での不正を抑止することも念頭に，事業子会社と金融子会社を分離し，事業子会社には資金を置かないことにしました。

このように，海外子会社の場合，資金の移動が国内に比べ制限があり，為替リスクもありますので，資金の流れをどのように組み立てるかを戦略的に検討することが大切です。また，海外子会社は物理的に距離があることから，上場子会社でも不正が数多く起きていますので，不正が起きないように事前に手を

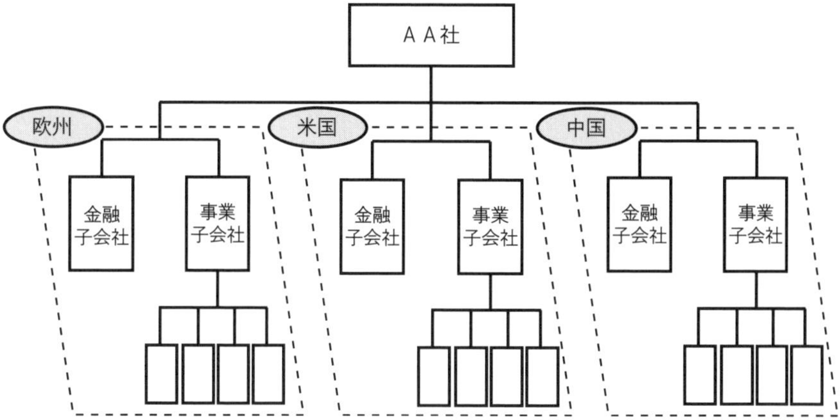

打つことも重要です。

AA社の事例もふまえ，はじめての海外拠点開設にあたり，ここでは２つのポイントを取り上げます。

(1) お金の流れ

１つ目は，お金の流れです。海外進出が決まると，通常「海外拠点と日本の税率を比較して，どちらで利益を残したほうがよいか」という議論になることが多いです。この議論自体は無駄ではありませんが，「自社のビジネスモデルを考慮して，どこでお金が必要か，そのためにどうやってその拠点にお金を流すか」というお金の流れを考えることが先です。そのうえで，手段として「どこでどれだけの利益を残し，いくらの税金を納付して，差額の資金を（資金を必要としている拠点に）流すか」を検討しないと，結果的に，グループ全体としての資金はあるものの，必要な事業に必要な資金を供給できないということになります。

たとえば，高橋さんが台湾に子会社を作る場合，新規教室の展開やクリエイターの採用等を考慮すると，資金の大部分は日本で使うことが想定されますので，台湾で稼いだ資金も日本に戻すことになります。

まずは，お金の流れを決めて，そのうえで，「日本法人と海外現地子会社の棲み分けをどのように整理するか」「現地のお客様からの引き合いに対して，現地子会社と日本法人が，それぞれどう役割を分担すれば，お客様にとっても，自社にとってもメリットを最大化できるか」を検討することになります。

もちろん，イレギュラーなケースは発生しますが，基本的な取引の流れは決めておき，想定し得るリスクへの対応を検討しておくことが重要です。具体的には，為替リスク・取引先との関係構築，海外子会社の不正リスク対応，移転価格税制対応等が想定されます。

⑵　不正の温床になる事象を徹底的に排除する

２つ目は，不正の温床になる事象を徹底的に排除することです。海外拠点は物理的に距離があり，目が届きにくいことに加え，文化の違いもあることから，日本国内の拠点以上に細心の注意を払って，経営管理体制の整備を進めることをお勧めします。できれば，海外進出当初は，経営者が率先して人的ネットワーク作りを進めましょう。事業領域だけではなく，法務・会計・税務・労務分野についても，現地での人的ネットワークを構築していくことが望ましいです。法務・会計・税務・労務といずれの分野も各国独自のルールを整備していることが多く，現地ルールに精通したパートナーの存在が不可欠です。特に，会計・税務は，次の海外展開も見据え，グローバル展開している会計事務所との協業を視野に入れておくことも有用です。

具体的な不正予防策を検討するに際して，以下の視点をヒントにしてみましょう。

- 現地スタッフと話す機会をなるべく多く作り，経営理念の共有を図る。
- 海外拠点の責任者は１名とはせず，代表と副代表の２名体制とし，できれば経営者が双方から連絡・報告・相談を受けることで，良い情報・悪い情報を含め情報収集精度を高める。
- 社内ですべての経営管理業務を完結させず，一部業務を法律事務所や会計事務所等に委託し，当該事務所からも情報を収集できる体制を作る。
- 出納業務の承認機能は，日本本社で保持する。
- 銀行口座の動きは，すべて日本本社でも閲覧できるようにする。

本題と逸れますが，海外現地子会社の社名の英語表記には国名または都市名を入れることが無難でしょう。日本法人を含む各社の社名を英語表記で並べた際に，どれがどの国の法人か判別できなくなるケースが見受けられます。

さらに，高橋さんからは，次のような質問がありました。

Q 海外進出までの基本的な流れを教えてください

A スタートアップであれば，進出目的は概ね市場の開拓が一般的でしょう。製造業であれば原材料の調達や生産拠点の新設等が考えられます。
前記のような日本国内とのルールの違いに加えて，社員の仕事に対する考え方や消費者の生活習慣の違い等もあり，必ずしも日本での成功パターンを持ち込めるとは限りません。「なぜこの国で，この事業をするのか」といった5W1Hを具体的に検討して落とし込むのが進出計画案です。進出計画案は事業計画とほぼ同様に策定することとなります。
計画策定には国内での予備調査と現地調査，いわゆるフィジビリティスタディ（FS）が不可欠です。「政治・経済・社会情勢や外資政策・法規制・税制から現地パートナーの有無や駐在しやすさといった外部環境」は国内でも調査できますが，それを裏付ける現地での調査も必要です。先行して進出している会社へのヒアリングに加えて，JETRO（日本貿易振興機構）のような海外進出を支援している機関に助言を仰ぐのも有用です。
こうしたプロセスを経て進出計画案をブラッシュアップし，最終的な意思決定へと至ります。スタートアップとしてはスピード感を重視したくなりますが，未知の環境へ飛び出すわけですから，進出計画案は可能な限り精査しましょう。

海外進出の目的の確認 → 国内での予備調査 → 現地調査 → 進出計画案策定 → 最終的な意思決定

Q 現地拠点には，どのような形態がありますか？

A 海外進出の形態は，一般に「現地法人か」「支店を設立するか」のいずれかとなります。「駐在員事務所」もありますが，連絡業務，情報収集，市場調査，販売代理店の支援等を行うもので，通常は営業活動を行うことはできません。現地法人は，進出先国の国内法人として設立します。外資の出資比率を制限している国や分野があるため，FS（Feasibility study：フィージビリティスタディ：実行可能調査，事業化調査）段階で外資規制について把握しておくことが欠かせません。また，自国外法人の出資による法人設立を認めず，自国企業との合資，いわゆる合弁企業でしか進出を認めない国もあるので，これもFS段階での調査が不可欠です。こうした規制がある場合は，共同出資してくれるパートナーのあてがないと画餅に終わってしまいます。規制やパートナーの存在等を勘案して進出形態を検討しましょう。

Q 現地法人設立の流れを教えてください

A 拠点設立は国によって申請先，必要書類，費用，かかる日数等さまざまで，進出先ごとに調べる必要があります。下図はJETROが紹介している一般的な現地法人設立の流れです。

政府・企業省にて，新会社の管理職を識別する①取締役認識番号および各種書類の電子送付の際に必要となる②デジタル署名証の取得

- 自動認可対象業種 ↓
- 個別認可対象業種 → 外国投資促進委員会（FIPB）に外国直接投資認可申請→認可取得 ↓

進出地域（州）の企業登録局に社名登録申請，申請料支払い→認可取得

↓

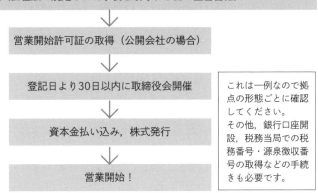

会社登録手続き：進出地域（州）の企業登録局に必要書類を提出し，会社設立証明書を取得する。

① 基本定款，② 付属定款，③ 取締役・役員個人との業務契約書（もし締結していれば），
④ 会社名の使用を正式に認める企業登録局からのレター（コピー）
⑤ 会社設立にかかる各種登録料および手続き料の支払い証明書（銀行の取引明細など）
⑥ その他必要書類（会社法で規定された事項を順守する旨の宣誓書他）

↓

営業開始許可証の取得（公開会社の場合）

↓

登記日より30日以内に取締役会開催

↓

資本金払い込み，株式発行

↓

営業開始！

これは一例なので拠点の形態ごとに確認してください。
その他，銀行口座開設，税務当局での税務番号・源泉徴収番号の取得などの手続きも必要です。

出典：日本貿易振興機構JETRO https://www.jetro.go.jp/theme/fdi/basic/setting_up.html

Q 就労ビザについて教えてください

A ビザとはその国に入国しようとする外国籍の者が入国するにふさわしいかを事前判断する身元審査を目的としたもので，日本語では査証といわれます。厳密に言えば，あくまで入国許可申請書類であり，いわゆる在留（滞在）許可とは別物です。

在留許可は滞在の目的に応じて滞在期間や出身国，出入国の回数等が定められ，渡航先の国によって制度に違いがあるので，事前に調べておくことが欠かせません。また，発行に時間がかかるケースや申請がそもそも却下されるケースもあるため，社員の海外法人への出向が決まった段階で早めに手配するのが望ましいでしょう。

Q 海外出向者の税務について教えてください

A 海外出向者の税務に関しては，主に所得税の取扱いが焦点となります。給与や賞与の支給タイミングと出入国日により，所得税を源泉徴収するか否か，配偶者・扶養控除の取扱い等が変わってきます。また，家族を帯同する，あるいは日本に残す場合の社会保険料・生命保険料の控除，住宅借入金特別控除が年末調整の対象になるか否か等，出向者の納税をサポートする点でも税理士との調整が欠かせません。

加えて，海外出向に伴う引越費用等は会社負担とすることが多いでしょうが，これ以外に赴任に関連して支度金を現金で支給する場合は税務上どのように取り扱うか，日本に残った家族の留守宅手当はどうなるか等，国内向けの税務では直面しないこともありますので，こちらも早めに税理士とさまざまなケースについて相談しておくべきでしょう。

Q その他，留意しておくべきことはありますか？

A 撤退要件はあらかじめ決めておきましょう。日本国内での新規事業と同様に，カントリーリスク（戦争，動乱，災害，政策変更），採算，パートナーとのトラブル，労務問題等，海外での事業展開には想定外のリスクがつきものです。リスクの許容度とともに，撤退ラインは明確にしておきましょう。また，制約がある場合もあるので，撤退の手続についても事前に調べておきましょう。

これらをふまえて，高橋さんは以下の選択をしました。

（高橋さんの選択）

✓最初の拠点として台湾に狙いを定め，現地のパートナー企業のオフィスの一角を立上準備事務所として借りて，現地調査をスタートした。

✓日本の会計事務所経由で現地の会計事務所を紹介してもらい，情報を収集した。

✓第４期に入ったら，台湾に海外初の現地法人を設立することとし，現地駐在予定のスタッフ１名（柳井さん）と高橋さん自らが乗り込み，現地スタッフの採用準備を開始することにした。

✓日本法人と台湾子会社との基本的な商流を整理し，台湾で稼いだ資金を日本に戻すスキームを確認した。

4. 人事評価制度を導入する

＼ STORY ／

２つの事業ともに順調に推移し，第４期には社員が20名を超える見込みとなった。しかし，それを受け止める体制を整えることができていないという課題を抱えていた。
まず，高橋さんは「人件費にどれくらいの資金を投入してよいのか？」という目安が理解できていなかった。
さらに，就業規則と給与規程はあるものの，人事評価制度はないため，教室事業とゲーム受託制作事業双方に適切な評価制度を整備する必要もあった。
人員計画はぼんやりと考えているものの，具体的に落とし込んで誰かに説明するまでには至っていない。しかし，実際に社員が20名を超えたら，人事評価制度を導入し，適切に運用していきたいと考えている。とはいえ，高橋さんは自身の感覚だけで整備を進めていいものか悩んでいた。そこで，人事顧問の平木先生に相談し，「労働分配率を目安に，金額目標を作りたい。また，人員計画も数値化して，幹部メンバーと共有していきたい」と考えている。
高橋さんは，人事評価をするとともに，職場を整備して社員との信頼関係を深めていきたいとも考えている。
また，会社の資金余力も心配なので，可能であれば助成金の活用も検討している。

人事評価制度に関して，高橋さんが描いているイメージは次のようなものでした。

- 「人事評価制度規程」「目標管理評価シート」「業務遂行能力シート」を作成し，試験的に運用してみる。
- 運用マニュアルや評価者訓練は試験運用の状況をみて，対応していく。
- 社員個々のパフォーマンス向上が「会社の業績向上」につながり，結果として給与アップにつながるという流れを作り出す。
- あくまでも試験運用であり，運用していく中で改善を図っていく。
- 評価は，相対評価ではなく絶対評価とし，（評価者が評価結果について協議する）評価調整会議を重視していく。
- 社員個々人が会社の目標と個人の目標について考える習慣を身に付けることに主眼を置く。

また，高橋さんは，先輩経営者ABさんから次のような話を聞いています。

ABさんは，コンサルティング事業で順調に規模を拡大し，売上が５億円を超え，社員も10名を超えた頃に，人事評価制度の整備に着手しました。

当時のリーダークラスの年収は2,000万円を超えており，その時点では「高い単価で受注できているので問題ないが，これからもこれくらい高い単価で継続して受注できるかどうか」という不安を感じていました。また，プロジェクトが終了してしまった場合は売上ゼロとなりますが，雇用は継続するので，給料を払い続けなくてはならない点も心配でした。一方，人材がいないと売上を獲得できないので，人材を維持するためには，ある程度の待遇を用意する必要性もありました。

そこで，人事評価制度を整備する際に，給与体系も見直し，業績部分の割合を高くし，売上の変動に対応できるようにしました。また，評価の公平性を保つために評価者研修の充実を図りました。同時に業績給として配分する目安を，個々のプロジェクトごとの目標利益率を30%とし，そのうち，７%を部門長（役員を含む）に配分し，８%をその他経費に充て，残り15%を会社の利益とすることとし，社員と事前に共有しました。

<table>
<tr><td rowspan="4">売上</td><td colspan="2">個々のプロジェクトに関わる
人件費（部門長の報酬を除く）
外注費　70％</td></tr>
<tr><td rowspan="3">個々のプロジェクトの
利益の合計　30％</td><td>部門長の報酬　7%</td></tr>
<tr><td>その他経費　8%</td></tr>
<tr><td>会社の利益　15%</td></tr>
</table>

ABさんの事例もふまえ，ここでは2つのポイントに関してお伝えします。

(1) 評価者側の考え方・対応およびスキルが大きく影響する

1つ目は，人事評価は，評価者側の考え方・対応およびスキルが大きく影響します。そもそも何のために人事評価を行うかという目的を整理し，それを評価する側のメンバーに正しく理解してもらいましょう。そのうえで，評価者側が人事評価に必要なスキルを身に付けて，適切な人事評価を行うことが重要になります。

したがって，評価者への指導に関しては，技術的な面は社労士に委ねるとしても，考え方の面等は経営者が積極的に関与することをお勧めします。

また，人事評価制度の運用もテスト期間を設定し，1回作って終わりではなく，評価者メンバーと協議しながら常に改善していく意識を持ちましょう。

(2) 支払う報酬の総額は決めておく

2つ目は，人事評価制度に基づき支払う報酬の総額は「売上あるいは粗利益（売上総利益）との割合」で決めておくことです。

個々の社員に支払う給与は毎年少しずつ上昇し，賞与は「夏と冬に月額給与の1か月分」等と決められているケースが今でも多いですが，経営者は常に「売上あるいは粗利益（売上総利益）との割合」を意識しておきましょう。そして，できれば社員とも共有しておきましょう。

たとえば，労働分配率が40%の会社で，年収400万円の社員は1,000万円の粗利益に貢献しているのが平均です。この会社の当期の粗利が1億円で社員数が10名，月額給与（および関連する法定福利費）の年間合計が3,500万円だとすると，500万円（4,000－3,500）が賞与原資となります。

人件費に限らず，支出の原資は売上だけです。短期的には借入金や他社からの出資等で賄うことはできても，借入金等もいつかは返済が必要であり，その原資も売上です。

人件費に関しては，個々の社員との関係で「来年は，頑張っているので年収1,000万円にしよう」という思いがあったとしても，トータルの人件費の伸び率は売上（あるいは粗利益）の伸び率と同等に設定しておかないと，どこかで資金繰りが行き詰まり，支払不能となります。

支出に関しては，常に売上からの分配として意識しておくことが重要です。

COLUMN

人事評価制度の歴史的な変遷

第二次大戦後から高度成長期の日本企業は，人口や所得の増加に伴った大量生産に邁進し，そうした社会構造に適した終身雇用を前提とする勤続年数に応じた年功序列型賃金制度が普及しました。勤続年数に応じた定期昇給とインフレに足並みを揃えたベースアップの両輪で，給与は右肩上がりが年々続いていました。生産現場での技能伝承が主流であり，同じ等級の社員間で差を付けることはあまりせず，強いていえばミスによる減点を定年まで持ち越すことが多く，人事評価が重視されることもありませんでした。

バブル崩壊後の1990年代からは，就業者がブルーカラー中心からホワイトカラー中心に転換したことに加えて，低成長に陥ったため，ベースアップや定昇に代表される，放っておいても給与が増える制度の見直しが進みます。加えて少子化の影響もあり，社員の年齢構成が逆ピラミッド型へと転換し，給与も高く人数も多い中高年層の早期退職勧奨，いわゆるリストラも加速しました。こうした状況から仕事の成果を厳しく問う成果主義が台頭し，これとともに給与制度を年俸制に転換する企業も多く存在しました。

しばらくすると成果主義の反動も現れ，終身雇用から（社員の）流動性が高まる等，社員の定着や育成といった面の弊害から成果主義の見直しが進みます。そして，1990年代後半に米国等から科学的なアプローチに基づく人事評価制度が持ち込まれます。現在主流となっている目標管理制度，コンピテンシーや360度評価といった制度はまだ普及して20年ほどのもので，評価そのものに不慣れな国民性もあり，制度の趣旨を適切にふまえて運用できているとはいいづらいかもしれません。

このように，時代や産業・就業構造とともに人事評価制度はさまざまに変遷してきましたが，今後も同様に変遷していくことでしょう。

さらに，高橋さんからは次のような質問がありました。

Q　人事評価制度の意義と目的を教えてください

A　人事評価制度の意義は，会社が望む方向に「社員」を成長させ，強い組織づくりを実現することといえるでしょう。仕事ぶりを評価される，給与が決まるといった印象を社員からは抱かれがちですが，「社員個々人の育成を通じて会社全体の成長につなげていくためのもの」と評価する側，される側双方が認識することが重要です。

そのうえで，人事評価制度の導入目的として次の４つが挙げられます。

① 生産性や業績の向上

生産性や業績を向上させるには，社員に目指す方向性を示し，それに従って能力を発揮してもらう必要があります。人事評価制度は，経営理念や経営方針，経営目標等に基づいて設計し，評価項目や基準に適切に反映することによって，会社の進むべき道や求める人物像を明確に社員に示すことができます。

② 社員の処遇の決定

能力や業績によって社員の処遇を決定する場合，客観的な指標に基づいた評価を行うことが重要です。人事評価基準が明確であれば，主観や恣意性を排除し，総合的な貢献度を可視化して適切に処遇できるようになります。

③　人員配置の最適化

社員一人ひとりの能力を十分に活かす適材適所の人員配置を行うためには，能力や配属部署での貢献度を客観的に評価する必要があります。一貫した評価基準のもと，個々の社員の強みや弱みを把握することによって最適な人員配置を実現できます。

④　社員の人材育成

評価基準と処遇を明確にすることによって，社員が「成果は適正に評価される」と認識すれば，さらなる自発的な成長も期待できます。また，どの階層の社員であれ，毎年の成長の積み重ねの総和が会社の成長にもつながるのだと理解してくれるようになります。

Q 人事評価項目について教えてください

A 代表的な評価項目には，次の３つがあります。

①　業績考課

業績考課は一定期間の目的達成度やその過程（活動）を評価することで，成績考課とも呼ばれます。通常，目標等を設定し，期末の人事面談で「評価期間内に目標をどの程度達成できたか」を評価します。実績は相対的に数値化しやすいものですが，目標達成までの過程は客観的に評価しづらいものです。目標達成に至るプロセスを判断する際は，「評価対象者と業務で関連するスタッフ」にもヒアリングして客観性を担保するよう心がけましょう。

②　能力考課

能力考課では職務を通じて身に付けた能力を評価します。普遍的な業務や専門性を問われる業務の達成度や，想定外の事態への対応，関係者との調整力等が能力考課の評価ポイントです。たとえば，誰にでもできる職務で結果を出しても能力考課の評価には結びつきません。能力考課は職能要件に照らして評価を行うものであり，評価者の立場や業務に応じて必要とされる能力は異なります。客観的な評価のためには職能ごとの評価基準を明確に定め，規定に則して評価することが重要です。

③　情意考課

情意考課は行動考課や執務態度考課とも呼ばれます。業績考課や能力考課と比較して，最も主観に左右されやすい評価項目です。情意考課とは職務遂行時の行動や態度を評価することで，遅刻や早退等の勤怠はもちろん，職場のモラルに関する規律性や協調性等が対象となります。これは社員の勤務態度や職務に対する意欲は行動結果となって出現しやすいという見方からくるものです。主観の入り込む余地が大きい点から，「評価対象者と業務で関連するスタッフ」にもヒアリングして客観性を担保するのが望ましいでしょう。

Q　人事評価制度の種類を教えてください

A　評価制度のうち，現在主流の３つの手法をご紹介します。

①　目標管理制度（MBO）

目標管理制度とは，評価期間の冒頭に目標を設定し，その達成度を期末に評価する手法です。客観的に評価しやすいため，能力やスキルの評価に適しています。この手法は，達成目標の内容や期限等を明示して共有するため評価がしやすい，個人目標を経営目標や部門目標と連動させることで業績向上を目指しやすいといった点がメリットとして挙げられます。加えて，目標達成のためのスキル向上，あるいはモチベーションアップ等の効果も期待できます。
一方のデメリットは，達成しやすい目標を設定する，個人目標にとらわれて評価に直接影響しない業務はやらなくなる，目標設定が困難な業務もあるといったことが挙げられます。目標設定の段階で，会社の方向性と合致しているか，役職や能力に見合っているか等を十分にすりあわせ，評価期間中も進捗をふまえて目標を適宜見直すことが望ましいでしょう。

②　コンピテンシー評価

コンピテンシーとは業務の遂行能力のことで，そのコンピテンシーが高い社員に共通する行動特性に基づいて設定した評価項目に従って評価する手法のことです。評価期間内に発揮された個人の能力を判断できるため，能力評価に適しています。
安定的に成績を出し続けるための知識や技能，基礎能力といった行動特性を分析して評価基準を明確化しているため，評価に一貫性を持たせやすいことに加えて，成果を出している社員の行動特性に基づいた評価項目なので，対象者の納得感が得られやすいといった点がメリットです。評価基準は，明確な評価ができるような具体的な項目を設定することが重要です。そのうえで，評価者と対象者は評価項目を満たしたらさらに高い目標を設定し，達成できなかった評価項目は原因を分析して改善策を検討することになります。

③　360度評価

360度評価とは，一般的な評価手法が対象者の上司が一方向で評価するのに対して，「同僚や部下，さらには取引先といった業務で関わる人々による日常の職務行動の評価」をとりまとめて評価するものです。対象者に評価結果をフィードバックすることによって，本人の意識と行動の変革を促すことを狙い，人材育成を目的として米国で生まれました。
360度評価のメリットは対象者が自分の強みや弱みに気づきやすくなること，納得感を得やすくなること，自己評価と他者評価のギャップに気づけることです。一方で，評価者が対象者に遠慮して適切な評価ができない，逆にストレートすぎて評価が批判と受け止められて関係性が悪化するといったデメリットもあります。この観点から，評価のとりまとめに際しても単なる悪口のオンパレードにならないように配慮する必要があること，対象者にフィードバックする際も，あくまで業務面での評価であり，かつ人材育成の機会であることを伝えることが欠かせません。

Q　人事評価制度に関して会社が認識している問題点を教えてください

A　一言で言うと，人事評価制度はあるものの運用面で課題を感じている会社が大半です。ここでは４つの問題点を例示します。

①　評価者によって評価がばらつく

人間が人間を評価する以上，評価のばらつきはつきまとうものです。とはいえ，ばらつきを極小化する努力は必要であり，制度設計段階で主観や恣意性が入り込む余地を減らす，あるいは評価者に研修を実施して評価のレベル感を揃えるといったことが一般的です。しかしながら，評価時期が期末や期初といった繁忙期にあたることが多く，また評価する側・される側の意識に多分に影響されます。まずは，評価者となるメンバーがどういった姿勢や準備をして評価に臨んでいるかを経営者が確認をし，きちんとマネジメントしていくことが重要でしょう。

② 目標の難易度がばらつく

目標の難易度も同様で，評価者となるメンバーが目標設定の段階で社員ときちんと向き合うことが不可欠です。異動がなければ，通常は前期の評価と当期の目標設定はセットになるため，適正な評価が次の適切な目標設定につながります。評価される側にとっての納得感が人事評価制度を運用するうえで最も重視すべきことであり，制度に魂を入れることにもつながると経営者は認識しましょう。

③ 職種や職場によって目標設定しにくい

業績等が数値化しづらいポジションは目標を設定しづらいとともに，評価も曖昧になりがちです。しかしながら，数値のみで業績を評価することは人事評価制度のあるべき姿ではありません。営業であれば売上高や利益といった見えやすい数値はありますが，たとえば，受注の継続や新規開拓の提案力といった視点も数値化ができませんが重要な仕事の構成要素です。
既存の業務の成果だけに着目するのではなく，業務範囲を広げる，隣接業務のスキルを身に付けるといった観点から目標を設定することが社員の成長につながることもあるので，人事評価制度の意義や目的に立ち返って制度運用を検討する必要があるでしょう。

④ グローバル人事評価制度の整合性

海外展開しはじめた場合，日本と海外の人事制度や労働環境，そもそも働くことへの価値観の違い等があり，グループ会社とはいえ，同一の人事評価制度をすんなり適用できるとは限りません。同一制度を適用するか，ローカライズを検討するかは各社の事情によりますが，これも人事評価制度の根源的な意義や目的に照らして，経営目標の実現に貢献する社員を育成するという観点で制度を設計するのが望ましいでしょう。

Q 評価者研修に際しての留意事項を教えてください

A 評価者研修は新任管理職研修とセットで行われるケース，人事評価制度を変更する時に行われるケースが一般的です。少なくとも数年おきに実施することが望ましいでしょう。

なぜならば，評価がルーティンになることは評価対象者にとって最も避けたい状況であり，経営者にとっても特に社員の育成という観点から望ましくありません。「ビジョン発表会」等も会社の方針を伝える機会ではありますが，評価面談は経営方針や事業計画を幹部メンバー（評価者）が社員個人の目線に合わせてブレイクダウンして共有する最良の機会と位置づけられます。評価者に緊張感を持って人事考課に臨んでもらうためにも，評価者研修にはタイムリーなトピックを盛り込んだり，経営者自身が自社の課題と解決の方向性を語る時間を設けたりして，人事考課がどのような意味を持つか評価者に再認識してもらえる仕掛けを考えていきましょう。

これらをふまえて，高橋さんは以下の選択をしました。

（高橋さんの選択）

✓人事顧問の平木先生に相談し，助成金も活用しながら，第４期から人事評価制度を運用できるように，準備をはじめることとした。
✓台湾子会社の人事評価制度も，基本的な枠組みを日本と揃えることとした。
✓給与体系は，基本給と業績給（賞与に相当）の２本立てとした。
✓業績給は，６か月の期間における業績を，会社・所属部門・個人の３つの視点から評価して支給する。
✓人事評価は，主に翌年度の基本給の昇降を評価するものと，当期（該当期間）の業績給を評価するものの２本とする。
✓評価者研修は，平木先生に依頼し，年１回定期的に行うこととした。

5. 第三者割当増資を行うときに心得ておくこと

＼STORY／

第２期が終わり，第３期も事業規模は順調に拡大している。第４期以降，高橋さんは教室事業の新規オープンを加速させたいと考えていた。しかしそれを実現するには，資金的な不安がある。
資本金は「１株当たり金額50円×発行済株式数６万株＝300万円」でスタートし，第２期終了後に1,000万円に増資している。
なお，第３期に入り，東証マザーズ上場のシステム開発会社IRCから「１株1,000円で総額5,000万円を出資したい」というオファーが届いた（出資比率約45％想定）。
オファーの諾否も含め，事業スピードを落とさないために，適切な時期に適切な資金を調達したいと高橋さんは考えている。

最初に，参考として，AC社の事例をご紹介します。

AC社はテレビ局から委託を受けて調査業務を行う会社です。数年前に，AC社がテレビ局から増資を受けるというタイミングがありました。

AC社は，１社だけではなく，「５つの主要テレビ局から満遍なく増資を受ける」ことを希望していました。それは，資金面だけではなく，各テレビ局と関係性を緊密に図りたいという意図があったからです。出資は借入と異なり，関係性が壊れたときに出資した金額を返金すれば株を買い戻せるわけではないということも念頭にありました。

そこで，５社から出資してもらうために，それぞれのテレビ局に向けて「どのようなベネフィットを提供できるか」「どういう関係性を作りたいか」を言語化し，テレビ局の役員を説得する材料を用意しながら話を進めました。

すぐに対応してくれるテレビ局もあれば，決裁に時間がかかるテレビ局もあり，12か月かけて，すべてのテレビ局にOKをもらえるように段取りしました。

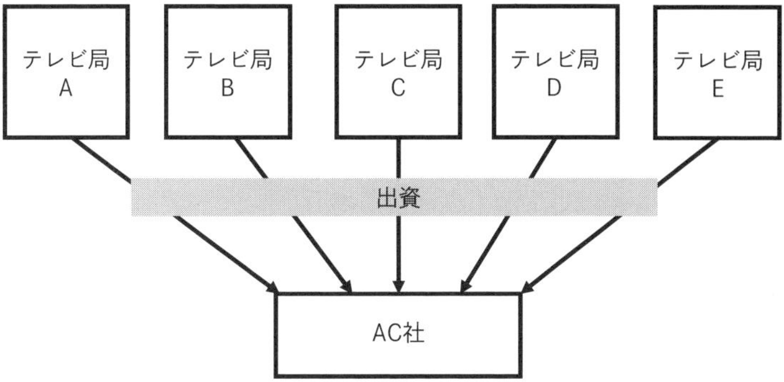

このことからすると，少なくとも「出資を受けたいビフォー１年間」の計画はあったほうがよいです。さらに，「出資を受けた後，ちゃんとその期待に応えているか」という報告も必要です。したがって，あらかじめ「出資を受けた後，どうやってその期待に応えられるのか」というプランも用意しておくとよいでしょう。

AC社では，出資を受ける前に「増資後３年間の計画」も作成しました。そして，そのとおりに進んでいることを１年に１回報告しました。出資者は，期待に応えてくれることを求めて出資しています。裏を返せば，AC社側では，期待されている業績を達成することが，出資を受ける条件となります。したがって，少なくとも「出資前１年間と出資後３年くらいにどのように動くのか」をイメージしておかなくてはなりません。それができたうえで，出資の打診をすることです。これは，出資者であるテレビ局との信頼を損ねないためにも大切です。

AC社の事例もふまえ，事業スピードに合わせた資金調達方法を検討するにあたり，気をつけたい2つのポイントを説明します。

(1) 出資は借入と異なり，一度受け入れるとリセットが難しい

借入は途中で金銭消費貸借契約を打ち切りたいと思ったときに残金を繰り上げ返済すれば契約を終了できますが，出資の場合は株式を買い戻したいと思っても出資者が売却に同意しない限り買い戻せません。また，運よく同意を得られたとしても買取価格は当初の出資額とは異なることが多いです。すなわち，やり直しがきかないのです。

さらに，1回目にあまりに高い価格で出資してもらったばかりに，（1回目の出資条件との調整がつかず）2回目の資金調達に応じてくれる出資者が現れないといったケースもあります。

したがって，出資は借入よりも慎重に対応することが望ましいです。たとえば，次のようなステップバイステップで取り組むことも一案です。

① まずは事業提携（アライアンス）からスタートし，少しずつ関係を深め， ② 次に子会社を設立してそこに出資してもらい，ジョイントベンチャー（JV）として運営し， ③ さらに次のステップとして，自社への出資に振り替える

(2) 制約のある資金であることを理解する

出資は借入のように明確に返済条件を定めるものではありませんが，資本提携契約書等を締結し，出資の出口を約束することが多いです。

出資の出口としては，ベンチャーキャピタル（VC）からの出資の場合，株式上場あるいは他社への転売が想定され，事業会社からの出資の場合，100%子会社化による利益や人材の吸い上げ等が想定されます。

また，当初出資時に想定した計画が未達の場合，役員報酬の減額・経営者保有の自社株式の追加提供要請・代表取締役解任等，経営者の望まない要求を株

主から突き付けられる可能性があります。

「売上取引を源泉とする入金」と異なり，出資も何らかの形で出資者への還元を求められるという意味で，制約のある資金の１つです。

さらに，高橋さんからは次のような質問がありました。

Q ジョイントベンチャーとは何でしょうか？

A 大規模な建築工事等でもジョイントベンチャーという言葉が使われますが，それは出資を伴わない共同事業体のケースが一般的です。ここでは複数の企業が同じ目的のために共同出資により設立した会社，いわゆる合弁会社について説明します。

合弁会社のメリットとしては，出資比率を下げることによってリスクを低減できること，言い換えれば，自己資本100％で投資しなくてよい点が挙げられます。また，自社にはない，共同出資する企業が持つブランド力や経営ノウハウ，人材等の資源を活用できる点もメリットです。

一方のデメリットは，出資比率に応じたリターンしか得られないことです。加えて，提携相手の資源を活用できるものの，自社の技術やノウハウも開示する必要があり，必ずしも都合よくただ乗りできるわけではありません。

スタートアップの場合，資金調達の必要性からジョイントベンチャーを設立するケースがあります。しかしながら，メリット・デメリットを慎重に勘案して提携相手の選定とスキームの検討を行うことは欠かせません。

たとえば，LINEがみずほFGと設立したLINE Bankの場合，LINEは主に顧客基盤を，みずほFGは決済や与信といった金融ノウハウを提供しています。また，大手企業同士でもトヨタ自動車とソフトバンクは次世代の移動サービスであるMaaSの開発・普及を目的としてモネ・テクノロジーズをジョイントベンチャーとして設立する等，新規事業の参入形態としてよく活用されています。

なお，他企業と一緒にビジネスを展開する経営形態にはジョイントベンチャーのほかに，買収・合併（M＆Ａ）や事業提携（アライアンス）があります。

買収・合併は，どちらかの企業が他方を買収する，あるいは双方の企業が一体となる（合併）ことなので，不可逆的で最もつながりの強い形態といえます。ただ，もともと別の企業を１つにする方法なので，習慣や考え方等，事業以外の部分でもさまざまなすり合わせが必要です。
一方で，事業提携は出資関係を伴わないので，比較的容易に事業を展開することができますが，資本による強制力がないことから責任や実効性に乏しく，成果に結びつかないケースも多いです。
ジョイントベンチャーはこれらのちょうど中間の位置づけといえ，両者のよいところをうまく取り入れた形態です。

Q 子会社や関連会社，関係会社の違いを教えてください

A ある会社と資本関係を有する会社は，「子会社」「関連会社」「関係会社」「グループ会社」さらに非連結子会社や持分法適用会社等，さまざまな呼び方をされます。
会社法は「子会社とは，会社がその総株主の議決権の過半数を有する株式会社その他の当該会社がその経営を支配している法人として法務省令で定めるもの」と定義しています。議決権の50％超を有する場合等，実質的に支配しているか否かという実質的基準で判断されます。
また，「関連会社とは会社が他の会社等の財務及び事業の方針の決定に対して重要な影響を与えることができる場合における当該他の会社等（子会社を除く。）をいう」と会社計算規則（法務省令）において，定められています。
同じく「関係会社とは，当該株式会社の親会社，子会社及び関連会社並びに当該株式会社が他の会社等の関連会社である場合における当該他の会社等をいう」と定められています。
これらの関係を図示すると，以下のとおりです。なお，グループ会社はビジネス用語であり法令上の定義はありませんが，関係会社に近いイメージで使われていることが多いです。

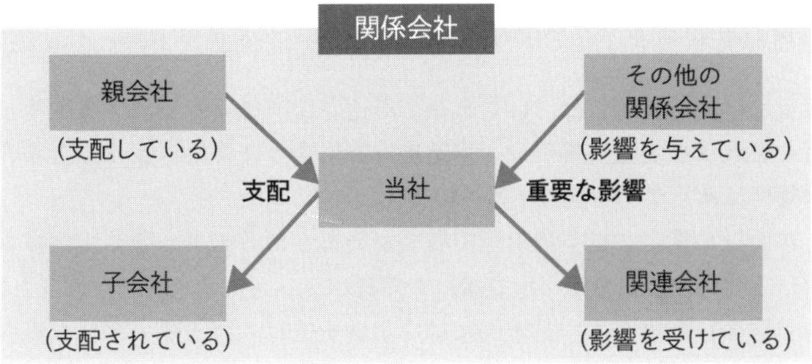

金融商品取引法に従って有価証券報告書の提出のために連結決算を行う際は，すべての子会社を連結の範囲に含めることになりますが，「親会社の支配が一時的である，または連結の範囲に含めると利害関係者の判断を著しく誤らせる恐れがある，または資産・売上高等からみて重要性の乏しいといった条件を満たす子会社」は連結の範囲から除外できます。

この連結の範囲から除外した子会社を「非連結子会社」と呼びます。

また，持分法適用会社は，親会社および子会社が，出資，人事，資金，技術，取引等の関係を通じて，会社の財務や営業の方針決定に対して重要な影響を与えることができるかどうかという影響力基準によって判断されます。

具体的には，(1) 投資会社が被投資会社の議決権の20％以上を所有する場合，(2) 議決権比率が15％以上20％未満であっても，投資会社が被投資会社に対して，代表取締役等の派遣や，重要な融資，技術提供，販売・仕入れ，その他の営業上または事業上の取引等を行っている場合が対象とされます。

ちなみに連結決算は，子会社を持っている親会社のすべてに義務づけられているわけではありません。会社法では，「連結決算により作成する財務諸表（連結計算書類）」を作成する義務があるのは「有価証券報告書を提出する大会社」ということになっています。

なお，海外の法人やファンド等から出資を受ける場合，その国籍によって子会社その他の定義はそれぞれ異なります。出資に伴う義務や責務もその国の法制に従って発生しますので，事前に確認しておきましょう。

Q 出資者との関係で，株価はどのように決まりますか？

A 株式の価値（株価）は，いくつかの手法で理論価格を算出できますが，その時々の経済状況や市場動向，業績動向等によって株価は変化しますので，理論価格はあくまでも理論上のものです。

上場会社の場合，証券取引所で株式が売買されるので，売りたい投資家（株主）と買いたい投資家（出資者）の需給バランスにより株価が形成されます。

未上場会社の場合も，基本的には「出資を受け入れる側」と「出資者」との協議により，株価を決めていくことになります。協議の際に，参考とされるのが「理論価格」です。理論価格を算定するための代表的な手法は，以下のとおりです。

算定方法	特徴	適用例
時価純資産方式	企業の財産価値としての純資産に着目して企業価値を算定する方法である。 <算定式> 企業価値＝時価評価した純資産額	含み資産が大きい会社，保有する資産価値が大きい会社または資産価値の測定を重視するケースに，よく適用される。
ディスカウンテッド・キャッシュ・フロー（DCF）方式	将来その企業が生み出すキャッシュ・フローを現在価値に割り引いて企業価値を算定する方法である。 <算定式> 企業価値＝将来獲得キャッシュ・フロー合計額を現在価値に割り引いて算定する	成長企業や収益力の高い会社のＭ＆Ａによく適用される。

類似会社比準方式	評価会社と同業種の上場会社の株価と財務指標を比較して企業価値を算定する方法である。 ＜算定式＞ 企業価値＝比較会社の株価を基準として，比較会社の指標と評価会社の指標を比例・調整して算出する	比較可能な上場会社がある場合に適用される。類似上場会社のビジネスリスクや成長性に対する市場の見方を反映している点で，株式上場準備会社に妥当な評価方法である。
併用方式	上記のうち，複数の方式を一定の割合で併用する方法である。	合理性のある複数の算定方法があり，両方考慮したい場合に採用する評価方法である。

これらをふまえて，高橋さんは以下の選択をしました。

（高橋さんの選択）

✓高橋さんは，IRC社の代理店として事業提携することとした。そして1年後に再度協議し，合意に至れば，出資比率がIRC社80%，AGATE社20%のジョイントベンチャーを設立する予定である。

参考文献

ピーター・ドラッカー（2001）『マネジメント［エッセンシャル版］―基本と原則』ダイヤモンド社

ピーター・ドラッカー（2005）『企業とは何か―その社会的な使命』ダイヤモンド社

坂本光司（2008）『日本でいちばん大切にしたい会社』あさ出版

野中郁次郎（1980）『経営管理』日本経済新聞出版

小倉昌夫（1999）『経営学』日経BP

板垣英憲（2011）『孫の二乗の法則　孫正義の成功哲学』ＰＨＰ研究所

柳井正（2003）『一勝九敗』新潮社

一倉定（2020）『マネジメントへの挑戦』日経BP; 復刻版

一倉定（1999）『一倉定の経営心得』日本経営合理化協会出版局

宇澤亜弓（2013）『財務諸表監査における不正対応』清文社

ラリー・ボシディ（2003）『経営は「実行」―明日から結果を出すための鉄則』日本経済新聞出版

ジェイコブ・ソール（2015）『帳簿の世界史』文藝春秋

磯崎哲也（2015）『起業のファイナンス　増補改訂版』日本実業出版社

吉越浩一郎（2014）『社長の掟（おきて）　業績を上げ続けるための60則』PHP研究所

林原健（2014）『林原家 同族経営への警鐘』日経BP

荒木博行（2019）『世界「倒産」図鑑　波乱万丈25社でわかる失敗の理由』日経BP

アレックス・オスターワルダー，イヴ・ピニュール（2012）『ビジネスモデル・ジェネレーション　ビジネスモデル設計書』翔泳社

和仁達也（2013）『お金の流れが一目でわかる！　超★ドンブリ経営のすすめ』ダイヤモンド社

遠藤晃（2010）『たった５人集めれば契約が取れる！顧客獲得セミナー成功法』ダイヤモンド社

麻野耕司（2019）『THE TEAM ５つの法則（NewsPicks Book）』幻冬舎

パトリック・レンシオーニ（2012）『ザ・アドバンテージ　なぜあの会社はブレないのか？』翔泳社

日経ビジネス 2018/10/15号

あとがき

最後までお読みいただきましてありがとうございました。本書の執筆を続けている中で，新型コロナウイルス感染症が世界中で猛威を振るいました。

実は，本書の主題となる「予防」の観点に大きな影響を与えた出来事は2011年に起きた東日本大震災です。このときも，私たちは予想もしない事態に見舞われました。

当時の私のオフィスは神田錦町にありました。大きな揺れにより，書庫から書類があふれて散乱しましたが，けが人もなく影響は軽微でした。

私は，東日本大震災の当日，娘の小学校卒業・中学入学を機に転居する予定があり，妻と２人で新居の下見をしていました。大きな揺れが収まったところで娘の学校から連絡があり，娘を迎えに行って３人で帰宅しました。翌日には，手配していた引越業者が予定どおり来てくれたので，そのまま引越しを終えました。その次の日くらいから，都内でもガソリンスタンドに長蛇の列ができたり，計画停電がスタートしたりと混乱が本格化したので，今振り返ると予定どおりに引越しができたのは奇跡的なことでした。

一見何の影響もなかったようにみえますが，震災は私に精神的に大きな衝撃を与えました。「これから私はどう生きていくか。会社はどうあるべきなのか」，それをみつめ直す契機となりました。

ここで立ち止まったことで，その後の数年間，会社のビジョンの見直しや社員雇用の見直し，兼業の奨励，リモートワークの推進，データ・書類の保存方法，メールなどの連絡手段のクラウド化，リモート会議の活用，オフィスの移転などに着手することができました。

当時は，働き方改革関連法施行以前ですからリモートワークへの制約が多く，また取引先などからも「オフィス縮小や，社員から業務委託への移行など」に関して理解を得られず，苦労したことを記憶しています。

新型コロナウイルス感染症がビジネスに与えた影響をみて，自分の思いに従って未曾有の事態に対応できるよう動き続けてきたことは間違いではなかったと確信しています。

私が，本書を通じて，スタートアップの経営に携わる皆様にお伝えしたかったことは，一言でいうと，「納得のいく経営の舵取りを実現するために経営管理の５大予防ポイントを活用していただきたい」ということです。

冒頭でお伝えしたとおり，我々は通常「問題が発生してから，それをどのように収束させ，挽回していくか」を，お手伝いすることが多いです。

しかし，本来経営者の方であれば，問題が生じる前に先手を打ったり，大火になる前に消火したりすることを望んでいるはずです。我々もその気持ちは同じです。とはいえ，何の問題も起きていないのに，「危ないですよ，危ないですよ」と警鐘を鳴らし続けているのもおかしな話です。

そこで，私が約20年間にわたり，上場会社あるいは上場準備会社のお手伝いをする中で経験した「経営の落とし穴」をストーリーで紹介し，「予防」へつなげていただこうと考え，本書を執筆しました。

今回の執筆は，アガットコンサルティングのメンバーの協力なしには実現しませんでした。特にアイデア段階から関与してくれた畑中数正さん，青木重典さん，三上光徳さん，鈴木努さん，安澤真央さんにはお世話になりました。また，C cube designの小笠原一友さんとレゾンクリエイトの佐藤智さんにもお力添えいただきました。そして，中央経済社の奥田真史さんには，書籍校了までの道案内をしていただきました。お礼を申し上げます。

最後に，いつも気持ちよく仕事ができる環境を整えてくれ，影日向両面で明るく応援してくれる妻の早苗と娘のゆずにはとても感謝しています。

ありがとう！

そして，この本を手に取ってくださった読者の方々にもささやかながら御礼を。読者限定で，本書に掲載した「損益推移サンプル」と「資金推移サンプル」のエクセルテンプレートを特典サイトからダウンロードできるようにご用意しました。アガットコンサルティングの特設サイト（http://www.cfolibrary.jp/lp/SuBAL_shiryo/）よりダウンロードしてください。

本書が，皆様の納得のいく経営の舵取り実現の一助になれば幸いです。

[著者紹介]

藤浦　宏史（ふじうら　ひろし）

1996年公認会計士登録。早稲田大学商学部を卒業後，中央新光監査法人に入所し，上場会社の法定監査や株式上場準備会社の支援業務に従事。その後，起業を決意し，1997年に生花の会員制通信販売事業に進出するも失敗し，その苦い経営の経験やその後の出会いの中での学び，そして会計士としてのスペシャリティを活かし，2001年に株式会社アガットコンサルティングを設立と同時に代表取締役に就任し，現任。

アガットコンサルティングは，時代の流れの中で組織形態を変化させつつ，現在は「自立した会計士が信頼し協力し合える相互補完組織」として活動し，上場会社や上場準備会社の決算効率化支援・J-SOX対応支援・IFRS対応支援などを中心に，成長企業の経営管理体制構築に携わっている。

藤浦のミッションは，ありとあらゆる失敗の着眼点と事例ストーリーを駆使して，経営管理の５大予防ポイントを説明し，納得のいく経営の舵取りの実現に寄与することである。

アガットコンサルティング コーポレートサイト	http://www.agateconsulting.jp/
CFO Library	http://cfolibrary.jp/

スタートアップ企業の経営管理を学ぶ

2021年5月1日　第1版第1刷発行

著　者　藤　浦　宏　史
発行者　山　本　　継
発行所　㈱ 中 央 経 済 社
発売元　㈱中央経済グループ
パブリッシング

〒101-0051　東京都千代田区神田神保町1-31-2
電　話　03（3293）3371（編集代表）
03（3293）3381（営業代表）
https://www.chuokeizai.co.jp
製版／三英グラフィック・アーツ㈱
印刷／三　英　印　刷　㈱
製本／㈲　井　上　製　本　所

ISBN978-4-502-37801-0　C3034